BUSINESS GENIUS

비즈니스 귀재들이 활용한 똑똑한 조언과 전략

리처드 브랜슨처럼

오프라 윈프리처럼

스티브 잡스처럼

BUSINESS GENIUS

비즈니스 귀재들이 활용한 똑똑한 조언과 전략

리처드 브랜슨처럼
오프라 윈프리처럼
스티브 잡스처럼

제임스 배너먼James Bannerman 지음 | 황선영 옮김

시그마북스
Sigma Books

리처드 브랜슨처럼
오프라 윈프리처럼
스티브 잡스처럼

발행일 2015년 11월 16일 초판 1쇄 발행
지은이 제임스 배너먼
옮긴이 황선영
발행인 강학경
발행처 시그마북스
마케팅 정제용
에디터 권경자, 장민정, 양정희, 최윤정
디자인 한지혜, 최원영

등록번호 제10-965호
주소 서울특별시 영등포구 양평로 22길 21 선유도코오롱디지털타워 A404호
전자우편 sigma@spress.co.kr
홈페이지 http://www.sigmabooks.co.kr
전화 (02) 2062-5288~9
팩시밀리 (02) 323-4197
ISBN 978-89-8445-745-4(03320)

BUSINESS GENIUS 01/E

Business Genius 01/E

© James Bannerman 2014(print and electronic)

This translation of Business Genius 01/E is published by arrangement with Pearson Education Limited.

Korean language edition © 2015 by Sigma Books.

Sigma books is a division of Sigma Press, Inc.

이 도서의 국립중앙도서관 출판예정도서목록(CIP)은 서지정보유통지원시스템 홈페이지(http://seoji.nl.go.kr)와 국가자료공동목록시스템(http://www.nl.go.kr/kolisnet)에서 이용하실 수 있습니다.

(CIP제어번호: CIP2015028433)

* 시그마북스는 ㈜시그마프레스의 자매회사로 일반 단행본 전문 출판사입니다.

가장 값싸게 하는 방법이나
가장 빠르게 하는 방법은 생각하지 마라.

가장 훌륭하게 하는 방법을 생각하라.

– 리처드 브랜슨

차례

PART **3**

비즈니스 성과를
올 려 라

지은이의 말

필자는 비즈니스의 귀재는 왕권을 상징하는 보석처럼 너무 귀하고 흔치 않은 보물이라 대부분의 사람이 가질 수 없는 것이라고 생각했다.

하지만 이제는 생각이 좀 달라졌다. 수천 명의 비즈니스 리더, 매니저, 팀과 함께 일하다 보니 사실상 우리 모두가 직장에서 천재적인 순간을 이따금씩 경험할 수 있다는 사실을 깨달았다. 그리고 도움을 약간 받으면 이런 순간을 더 자주 경험할 수도 있다는 결론에 이르렀다(필자는 애스턴 마틴, 브리티시 에어웨이즈, HSBC, 롤스로이스와 같은 세계적인 기업부터 여러 공공 부문 조직과 신규 소기업에 이르기까지 다양한 사람들과 일해 왔다).

물론 그렇다고 해서 우리 모두가 다음에 제시하는 인물들의 뒤를 이을 수 있다는 것은 아니다.

▶ **경영의 귀재 리처드 브랜슨**: 그는 버진을 가치가 수십억 달러인 제국으로 확장하는 데 성공했다(그는 "평범한 사고를 정면으로 반박"했다).
▶ **미디어의 귀재 오프라 윈프리**: 그녀는 TV 역사상 최고의 성공 스토리 중 하나로 발전했다.
▶ **혁신의 귀재 스티브 잡스**: 그는 애플을 세계적인 기업의 반열에 올려놓았다.

하지만 다행히도 이 책은 당신을 위의 인물 중 한 명으로 만드는 것이 목표가 아니다. 그저 당신에게 영감을 불어넣고, 희망을 주는 것

에 초점을 맞췄을 뿐이다. 이 책에서 소개하는 여러 똑똑한 사고 전략은 많은 사람이 직장에서 우수한 성과를 거두는 데 쓰였다. 따라서 당신 역시 이런 전략을 활용하여 비즈니스의 귀재다운 잠재력을 극대화하길 바란다.

들어가는 글

뛰어난 성과를 거둬라! 생각을 키워라! 일을 더 잘해라!
인생을 더 잘 살아라!

> **뛰어나다** = 넘어서다, 한계를 짓다, 능가하다.

솔직히 말하자면 우리의 대부분은 직장에서의 삶을 한 단계 끌어올리고 싶어 할 것이다. 우리는 자신에 대한 생각을 끌어올리고, 다른 사람들과의 관계를 끌어올리고, 일하면서 성취하는 것의 수준도 끌어올리고 싶어 한다.

그것이 바로 이 책이 도움을 주려고 하는 부분이다. 이 책은 혁신적이고 통찰력 있는 다양한 사고 도구를 제공한다. 이런 도구를 활용하여 평범함을 넘어 비범함으로 비상하길 바란다.

각 장은 당신이 앞으로 나아가지 못하게 방해하고 당신의 잠재력을 억압하는 구체적인 걸림돌을 알아보는 데서 출발한다. 그런 다음에 는 유용한 조언과 탈출 전략을 소개하여 당신의 숨은 천재성을 일 깨우는 데 도움을 줄 것이다. 새로운 조언과 전략을 익힌다면 당신 의 앞길을 가로막는 장애물을 넘어설 수 있을 것이다.

하지만 위로, 또 앞으로 나아가기 전에 한 가지 사항은 짚고 넘어가자.

"우리의 태도가 우리가 얼마나 높이 올라갈 수 있는지를 결정한다."

스티븐 코비(비즈니스 리더십 전문가이자 『스티븐 코비의 7가지 습관』의 저자)

그렇다. 비즈니스에서 태도보다 더 중요한 것은 없다. 코코 샤넬의 경우 '나는 비즈니스에서 우수한 성과를 거둘 자원이 없어'라고 쉽게 생각했을 수도 있다. 그녀는 1880년대에 프랑스 소뮈르의 보잘것없는 구빈원에서 어린 시절을 보냈기 때문이다. 하지만 그녀는 그런 생각을 하지 않았고 비즈니스의 귀재다운 그녀의 태도 덕택에 샤넬은 오늘날 우리가 잘 아는 전 세계적으로 유명한 패션 디자이너가 되었다. 그뿐만 아니라 그녀의 놀라운 지략은 샤넬 No.5가 역사상 가장 유명하고 사랑받는 향수가 되는 데도 힘을 보탰다.

이와 마찬가지로 마크 주커버그도 "나는 비즈니스에서 뛰어난 성과를 보이기에는 너무 어려"라고 쉽게 생각할 수 있었다. 하지만 그는 그런 생각을 하지 않았고, 비즈니스의 귀재다운 그의 태도 덕택에 페이스북의 창립자는 2007년에 비즈니스 역사상 최연소 자수성가 억만장자의 자리에 올랐다. 그의 나이는 불과 23세였다!

KFC의 할랜드 샌더스 대령의 유명세는 또 어떤가. 샌더스는 "나는 비즈니스에서 좋은 성과를 거두기에는 나이가 너무 많아"라고 쉽게 생각할 수 있었다. 하지만 그는 그런 생각을 하지 않았고, 비즈니스

의 귀재다운 그의 태도 덕택에 샌더스는 미국 전역의 음식 매장에 자신의 비밀 레시피에 대한 독점 판매권을 팔았다. 그 결과 60대 중반의 이 나이 많은 경영자는 적은 액수의 연금을 어마어마하게 불리는 데 성공했다.

따라서 당신이 어느 분야에서 일하든, 어떤 면을 개선하고 싶든(서비스, 제품, 유효성, 효율성, 생산성, 수익성 등) 비즈니스의 귀재가 되는 길은 근본적으로 우리가 생각하는 방식과 관련이 있다는 사실을 염두에 두라. 이 사항은 나중에 더 자세히 다룰 것이다.

지금은 일단 다른 사항을 짚고 넘어가자. '비즈니스의 귀재'라는 표현은 사람에 따라 다른 의미로 다가올 수 있지만 이 책에서는 단순히 **"더 똑똑하게 생각하고, 더 똑똑하게 일하기"**라고 이해하면 된다.

아래에 세 가지 사례를 들어 그 이유를 소개하려고 한다.

1. 비즈니스의 귀재와 건축의 세계

1920년대에 건축가 앨버트 무어는 소고기 스톡 회사 OXO를 위해 런던 한가운데에 상품 진열용 건물을 디자인해 달라는 의뢰를 받았다. 하지만 문제가 있었다. 당시 런던에는 광고법이 엄격하여 어느 기업이든 행인들의 관심을 지나치게 끄는 것이 법으로 금지되어 있었던 것이다.

그래서 무어는 어떻게 했을까? 그는 OXO를 커다란 광고판이나 네온사인을 통해 광고하는 방법을 포기했다. 그러면 당국이 광고를 막을 것이 불 보듯 뻔했기 때문이다. 그 대신 건물을 지을 때 'OXO'라는 단어를 벽돌을 이용해 표현하기로 했다!

그 결과 아르데코 양식으로 지은 OXO 타워의 창문을 올려다 보면 동그라미 위에 가위표가 있고, 그 위에는 또 동그라미가 있는 모양을 볼 수 있다. 이는 그 기업명과 놀랍도록 흡사하다.

무어의 접근법을 더 천재적으로 만들어준 것은 수년 후에 건물이 팔리고 난 뒤에도 템스 강의 사우스 뱅크에서는 여전히 그 타워가

OXO를 홍보하고 있다는 점이다. 그 이유가 무엇일까? 타워가 상
징적인 랜드마크가 된 나머지 II 등급 판정을 받아 관련법이 새로 제
정되지 않는 한 아무도 건물을 허물지 못하기 때문이다! 이 얼마나
천재적인가!

2. 비즈니스의 귀재와 농구의 세계

아주 오래전에 미국에서 시카고 출신의 농구선수 다섯 명이 '사보
이 빅 파이브'라는 이름으로 관중에게 놀라운 농구 기술을 선보여
즐거움을 선사했다. 문제는 그들이 키는 컸지만 상업적인 성공에
관한 한 '큰' 팀이 아니었다는 것이다. 그때 에이브 세이퍼스타인이
그들의 인생에 큰 변화를 불러왔다.

세이퍼스타인은 재능만으로는 광대한 비즈니스의 세계에서 성공하
기 어려울 때가 많다는 사실을 알고 있었다. 그래서 사보이 빅 파이

할렘 글로브 트로터스

브가 재능을 '금전화'할 수 있도록 도왔다. 그들이 더 큰 규모의 관중에게 어필할 수 있도록 그들의 패션도 손보고, 팀 이름도 새로 지은 것이다.

첫째로, 그는 똑똑한 사고와 똑똑한 일처리를 통해 선수들의 유니폼이 풍기는 이미지를 새롭게 바꿨다. 새 유니폼에는 미국 성조기에 쓰이는 색인 빨간색, 흰색, 파란색을 이용했다. 둘째로, 그는 미국 흑인 느낌이 나는 '할렘'과 국제적인 성공에 어울릴 만한 '글로브 트로터스'라는 단어를 결합하여 새로운 팀 이름을 만들어냈다.

그 결과 '할렘 글로브 트로터스'는 "세상에서 가장 유명한 농구팀"으로 거듭났고, 1971년에 키가 168센티미터밖에 안 되는 에이브 세이퍼스타인은 농구 명예의 전당 역사상 키가 가장 작은 사람으로서 이름을 올렸다!

3. 비즈니스의 귀재와 자동차의 세계

이 이야기는 하도 오래되어 많은 독자가 이미 알고 있을지도 모르겠다. 하지만 이야기의 바탕에 깔린 메시지가 그 어느 때보다도 현 시대에 어울리는 만큼 간단하게 소개하려고 한다.

1960년대에 렌트카 업체 에이비스는 또 한 번 숙적 헤르츠와의 경쟁에 힘겨워하고 있었다. 헤르츠는 시장을 꽉 잡고 있는 부동의 1위였고, 자동차 대수만 많은 것이 아니라 수익도 훨씬 많아 여기저기 투자할 여유가 있었다. 그렇다면 에이비스는 어떻게 했을까?

뉴욕의 매디슨 애비뉴에 있는 DDB 광고 회사의 폴라 그린과 헬무트 크론은 에이비스의 회장 로버트 타운센드를 만났을 때 천재적인 영감을 받았다. 그들은 똑똑한 사고와 똑똑한 일처리를 통해 이 까다로운 문제를 뛰어넘었다. 그때까지만 하더라도 2인자는 1인자보다 당연히 열등하다는 인식이 있었지만 그들은 이런 가정에 반박하고 논리를 뒤집었다.

그들은 어느 한 기업이 비즈니스의 세계에서 오랫동안 1인자의 자리를 차지하고 있으면 안주하거나 거만해질 수 있다는 생각을 제기했다. 마치 이솝 우화 중 '토끼와 거북이'와 같은 상황이 떠오른 것이다. 반면 어느 기업이 2인자라는 것은 그 기업이 더 열심히 노력

할 의향이 있다는 의미일 수 있었다.

이런 기발한 발상의 전환 덕택에 그린과 크론은 에이비스의 전설적인 "우리가 더 열심히 노력합니다"라는 광고를 만들어냈다. 이 광고는 여러 새로운 고객을 에이비스로 끌어들이는 데 성공했다. 고객들이 에이비스가 자신의 입장에서 더 꼼꼼하게 신경 써줄 것이라고 생각한 것이다.

에이비스의 성장은 놀라웠다. 에이비스 홈페이지에 따르면 "그 광고 덕택에 회사의 운명은 1년 만에 달라졌다. 광고가 나가기 전에는 수익이 3천400만 달러였고, 손실이 320만 달러였다. 하지만 광고가 나가고 1년이 흐른 후, 수익이 13년 만에 처음으로 120만 달러를 달성"한 것이다.

비즈니스의 귀재가 되는 것은 궁극적으로 에르큘 포아로의 표현처럼 우리의 "작은 회색 세포"를 이용하여 추가적인 가치를 더하고(똑똑한 사고), 일을 더 똑똑하게 하는 방법(똑똑한 일처리)을 생각해내는

것이다.

따라서 일을 하며 천재적인 순간을 더 자주 경험하고 싶다면 당신이 하는 일보다 그 일을 하는 방식이 더 중요한 경우가 많다는 것을 잊지 마라! (당신이 프랑크프루트에서 금융업을 하든 상하이에서 영업을 하든 파리에서 홍보업을 하든 휴스턴에서 인사과 일을 하든 상관없다. 당신이 사회적 기업, 마케팅, IT, 소매업, 트레이닝, 개발업에 종사하더라도 역시 상관없다.)

더 구체적으로 말하자면 다음과 같다.

▶ **우리가 보는 방법:** 예) 앨버트 무어와 OXO 타워
▶ **우리가 전략을 세우는 방법:** 예) 에이브 세이퍼스타인과 할렘 글로브 트로터스
▶ **우리가 노력하는 방법:** 예) 에이비스와 '요령 있는' 광고

"호기심을 갖춰라.
성공한 사람은 늘 호기심이 있을 것이다."

—도널드 트럼프('부동산계의 거물'이자 『억만장자처럼 생각하라』의 저자)

이 책을 최대한으로 활용하는 방법

이 책을 어떻게 읽을 것인지는 전적으로 당신에게 달렸다.

▶ 앞표지에서부터 뒤표지까지 꼼꼼하게 읽고 싶다면 그렇게 하라.

▶ 이 부분을 읽었다가 저 부분을 읽고 싶다면 그렇게 하라.

▶ 특정한 장만 선별해서 읽고 싶다면 그렇게 하라.

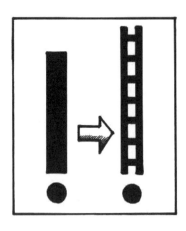

필자가 건네는 유일한 조언은 이 책을 최대한으로 활용하고 싶다면 '생각의 선'을 '생각의 사다리'로 바꾸라는 것이다. 이것이 바로 비즈니스의 귀재들이 하는 행동이기 때문이다.

평범한 사람은 "이것은 그냥 샌드위치일 뿐인데 뭐." 또는 "이것은 그냥 스프링인데 뭐." 또는 "이것은 그냥 양인데 뭐"라고 생각하는 경우가 많다. 하지만 비즈니스의 귀재는 더 멀리 내다보기 위해 더 높은 곳으로 올라간다. 그들은 평범한 사람들과 똑같은 샌드위치, 스프링, 양을 보지만 그 속에서 추가적인 가치를 발견한다. 이런 점을 염두에 두고 책을 읽어 나가길 바란다.

일을 하면서 비즈니스의 귀재다운 순간을 더 자주 경험하고 싶다면 한계를 규정하는 선이 아닌 '가능성의 사다리'가 당신에게 도움이 될 것이다. 그런 사다리를 만드는 최고의 방법은 놀랍도록 간단하다.

▶ 잉바르 캄프라드는 가구가 미리 조립된 채 판매되어야 하며 값이 비싸야 한다는 가정에 이의를 제기했다. 그 결과 그는 자신이 창립한 스웨덴 조립용 가구업체 IKEA 덕택에 "세상에서 일곱 번째로 부유한 인물"이 되었다! (IKEA라는 이름의 IK는 캄프라드의 이니셜이다.)

▶ 루이스 거스너는 1990년대에 IBM이 망가진 기업이며 더 이상

손쓸 수 없다는 가정에 이의를 제기한 비즈니스의 귀재다. 그는 "누가 코끼리가 춤을 추지 못한다고 말했습니까?"라는 식의 저항적인 태도로 어려움에 허덕이고 있던 대기업의 운명을 바꿔 놓았다. 거스너 덕택에 IBM은 다시 흑자를 기록할 수 있었다.

▶ 비서로 일하던 베티 네스미스 그레이엄의 경우는 또 어떤가? 그녀는 1951년에 텍사스 주에서 행정 업무를 하다가 타자기로 오타를 내면 타자를 다시 쳐야 한다는 가정에 이의를 제기했다. 그 결과 그레이엄은 수정액을 발명했고, 그녀가 창립한 리퀴드 페이퍼 코페레이션은 1979년 질레트에 4천750만 달러에 인수되었다.

▶ 비즈니스의 귀재가 되려면 기존의 가정에 이의를 제기하는 데서 시작해야 한다는 것을 증명하는 사례는 많다. 아래에 몇 가지 사례를 더 소개해본다.

▶ 잭 도시는 전자통신이 140자 이상이어야 한다는 가정에 이의를 제기했고, 온라인용 문자 서비스인 '트위터'의 공동 창립자가 되었다.

▶ 할리우드 배우이자 영화감독인 케빈 코스트너는 북미 원주민이 반드시 야만적으로 그려지고 카우보이 영화에서 악당 역을 맡아야 한다는 가정에 이의를 제기했다. 그 결과 그는 호평을 받은 영화 '늑대와 함께 춤을'을 제작했고, 1990년대 초에 아카데미 시상식에서 이 영화로 무려 7개 부문을 휩쓸었다.

수익, 명예, 부 이외의 요소가 담긴 비즈니스 귀재의 이야기가 궁금하다면 공공 부문의 사례도 많다.

▶ J.D. 밀러는 1930년대에 캐나다 온타리오 주 교통부에서 일하던 엔지니어였다. 그는 아무런 표시도 되어 있지 않은 도로(당시에는 이것이 일반적이었다)가 좋은 아이디어라는 가정에 이의를 제기했다. 차량이 정면으로 충돌하는 일이 비일비재했기 때문이다. 밀러는 단순히 교통부에 양방향의 교통을 분리하는 데 도움이 되도록 도로에 흰색으로 점선을 그리는 방법을 제안했다. 그의 천재적인 해결책은 결국 여러 국가에서 여러 명의 목숨을 구하는 데 기여했다!

따라서 이 책을 최대한으로 활용하는 비법은 '선 사고'와 '사다리 사고'가 전혀 다른 개념이라는 사실을 자신에게 끊임없이 상기시키는 것이다. 예를 들면, 선 사고자는 이런 책(비즈니스의 심리적인 측면과 창의적인 사고의 측면을 다룬 책)을 읽고는 "다 상식적인 이야기네!"라고 일축할 수도 있다. 그런 사람들의 말이 옳을지도 모른다. 그들이 샌드위치, 스프링, 양에 대해서 한 말도 옳았던 것처럼 말이다.

반면 사다리 사고자는 더 많은 것을 볼 수도 있다. 우리가 잘 알고 있는 괴테는 유명한 시인이자 1906년에 바이마르의 군주 카를 아우구스트의 통찰력 있는 경제 자문으로 활동했다. 그는 뛰어난 사다리 사고자로 이런 말을 남겼다.

"상식은 인류의 천재성이 발현된 것이다."

이와 마찬가지로 선 사고자는 이런 책(복잡한 그래프나 차트 대신 만화 같은 그림이 가득 담긴 책)을 보고는 단순히 '유치하다'고 생각할지도 모른다. 다시 한 번 말하지만 그들이 옳을 수도 있다.

하지만 이 책에서 필자는 '유치함'과 '아이 같음'이 분명히 다른 개념이라고 강조했다. 만일 필자가 비즈니스에 관한 책에 재미로 아이언 맨을 그려 넣었다면 그것은 유치한 행동이다. 하지만 똑같은 그림을 이용하여 심각한 이야기(예: 비즈니스의 세계와 만화의 세계가 우리가 생각하는 것보다 얼마나 긴밀히 연결되어 있는지)를 한다면 그것은 아이 같을 뿐이다. 예를 들면, 이런 식이다.

하워드 휴즈
(1905-1976)

아이언 맨

그렇다. 소문에 의하면 스탠 리는 괴짜 비행사이자 억만장자였던 하워드 휴즈를 본 따서 아이언 맨의 캐릭터를 만들었다.

이와 마찬가지로 만일 필자가 찰리 브라운과 스누피의 그림을 그려서 비즈니스의 귀재에 관해 쓴 책에 삽입한다면(단순히 글을 많이 쓰기 싫어서) 그것은 비즈니스의 귀재다운 면모가 약간 드러난 것일 수도 있지만 유치한 행동일 수도 있다. 반면 필자가 똑같은 그림을 이용하여 목적이 분명한 창의적인 사고가 어떻게 엄청난 부로 이어질 수 있는지 보여준다면 그 행동은 아이 같을 뿐이다. 예를 들면, 이런 식이다.

찰리 슐츠
(1922-2000)

막대한 부

www.celebritynetworth.com에 의하면 창의적인 비즈니스의 귀재 찰리 슐츠는 세상을 떠날 때 '피너츠'보다 훨씬 많은 것을 자손들에게 남겨 주었다. 놀랍게도 그의 상속인들은 매년 존 레논, 엘리자베스

테일러, 지미 헨드릭스의 재산을 전부 합친 것보다 더 많은 돈을 받는다고 추정된다. 이는 슐츠의 만화 로열티와 관련 상품을 판매한 값이다.

어쨌든 필자가 이런 이야기를 한 것에 불만이 없기를 바란다. 유치함과 아이 같음을 구분하는 것이 대단히 중요하다고 생각해서 한 이야기였다. 예를 들면, 1804년에 선 사고자들은 영국의 발명가 리처드 트레비식의 '철마'가 재미로 타는 유치한 이동수단보다 조금 나은 정도라고 생각했다. 하지만 20년 뒤 이 철마는 우리가 오늘날 알고 있는 철도가 된다.

이와 마찬가지로 1876년에는 웨스턴 유니온의 선 사고자들이 알렉산더 그레이엄 벨이 만든 전화를 "바보 같은" 발명품이라고 생각했다. 그것이 너무 유치해서 "장난감과 크게 다를 것이 없다"라고 여겼다.

따라서 비즈니스의 귀재다운 당신의 아이디어가 이런 식으로 무시당하지 않도록 해야 한다. 우리가 앞서 살펴봤듯이 사다리 사고는 당신, 당신이 다른 사람들과 맺는 관계, 당신이 일하면서 성취하는 것을 향상하는 데 도움을 줄 수 있다.

그러면 1장으로 넘어가기 전에 마지막으로 한 가지 사항만 더 살펴보자. 만일 사다리 사고가 없었다면 고층건물이나 안전 엘리베이터는 없었을 것이다. 고층건물은 시카고에 살던 윌리엄 르 배론 제니의 발명품이다. 제니는 1884년에 철제 거더를 이용하여 높은 건물을 짓는 더 나은 방법을 생각해냈다. 안전 엘리베이터의 경우 엘리샤 오티스가 1853년에 발명했다. 그는 케이블이 끊어져도 엘리베이터가 추락하지 않도록 장치를 더 향상했다.

그뿐만 아니라 사다리 사고 없이는 오늘날의 항공업계도 논할 수 없다! 고대 그리스 시절부터 인간은 새처럼 하늘을 날 수 있는 최고의 방법은 새를 보고 그들이 날개를 퍼덕이는 동작을 따라 하는 것이라고 생각했다.

하지만 독수리 전문가 제미마 패리-존스에 따르면 우리가 그런 동작을 취하기 위해서는 "가슴 근육의 두께가 2미터 가까이" 되어야 한다. 다시 말해, 우리는 새를 따라 할 수 있을 만큼의 힘이 없어 "노를 젓듯이 날개를 아래로, 그리고 뒤로 퍼덕이지 못한다."

하지만 다행스럽게도 천재적인 사고가 조지 케일리 경(1773~1857)이 나타나서 이런 가정에 이의를 제기했고, 그 후로 모든 것이 달라졌다. 케일리는 새의 움직임을 보는 대신 연의 움직임을 관찰하기 시작했다. 그 결과 작가 롤랜드 화이트는 『비행에 관한 책The Big Book of Flight』에 이렇게 적었다. "케일리는 다른 많은 사람이 놓친 것을 발견했다. 어쩌면 새처럼 날개를 퍼덕이는 것이 인간이 공중에 떠 있기 위한 최고의 방법은 아닐 수도 있다."

이 이야기를 통해 비즈니스의 귀재의 관점에서는 간단한 아이디어도 얼마나 큰 차이를 불러오는 경우가 많은지 이해했기를 바란다.

"모든 성과와 부는 아이디어에서 출발한다."

−나폴레옹 힐(『놓치고 싶지 않은 나의 꿈 나의 인생 1』의 저자)

PART 1

자신을 개선하라

우리가 정복하는 것은 산이 아니라
우리 자신이다.

– 에드먼드 힐러리 경

초 점 을
잘 맞 춰 라

비즈니스의 귀재가 되는 길에 놓인 **첫 번째 걸림돌은 일에 초점을 제대로 맞추지 못하는 것이다.**

예를 들면, '흐트러진 초점'은 성과로 이어지지 않는 경우가 많다. 분명한 목표가 없기 때문이다(그것이 바로 제강업계의 유명한 억만장자 앤드루 카네기가 "사람은 절대로 초점을 흐트러뜨려서는 안 된다"라는 말을 남긴 이유다).

'분산된 초점' 또한 목표가 너무 많아 성과로 이어지지 않는 경우가 많다(그것이 바로 하버드대학교의 토니 슈워츠 교수가 "한 번에 한 가지씩만 처리하는 마법"과 "하지 말아야 할 일이 적힌 목록"의 필요성을 강조하는 이유다).

그러나 효율이 가장 낮은 것은 아마도 '무의미한 초점'일 것이다. 목표를 달성하더라도 전반적인 상황을 제대로 파악하지 못하기 때문이다(그것이 바로 유명한 창의성 전문가 켄 로빈슨 경이 맥락과 동떨어진 채 상황을 파악하지 않는 것의 중요성을 강조하는 이유다).

코닥을 예로 들어보자. 코닥은 왜 2012년에 파산 위기를 맞았을까? 바로 의미 없는 데 초점을 맞췄기 때문이다. 과거의 영광(예: 1970년대에 누렸던 90퍼센트의 시장 점유율)에는 지나치게 신경 쓴 반면에 미래의 가능성(예: 디지털 카메라의 출현)에는 신경을 충분히 쓰지 못한 것이다.

텔레콤 산업이 '파괴적인 혁신'으로 평가받는 스카이프에게 한 방 먹은 이유도 이와 마찬가지다. 기존의 경쟁자에게는 지나치게 초점

을 맞춘 반면, 새롭게 떠오르는 경쟁자에게는 초점을 충분히 맞추지 않은 것이 패인이었다. 비즈니스 모델에 관한 책을 쓰는 오스터왈더와 피그누어에 따르면 스카이프가 몇 년 전에 무료 국제전화를 제공할 때만 하더라도 아무도 스카이프를 심각하게 생각하지 않았다고 한다. 하지만 이제 스카이프는 사용자가 4억 명에 달하며, 5억 5천만 달러 이상의 수익을 올리고 있다.

우리는 항상 무엇인가에 초점을 맞추지만 초점 그 자체가 비즈니스에서 중요한 것은 아니다. 중요한 것은 초점을 효율적으로 맞추는 것이다. 그래야만 우리가 원하는 결과에서 멀어지지 않고 가까이 다가갈 수 있다.

이러한 예로 1800년대 초에 등장한 스코틀랜드인 사업가 제임스 케일러를 들 수 있다. 당시 그는 품질이 뛰어난 오렌지 잼을 만드는 일에만 집중하지 않았다. 그랬다면 비즈니스의 귀재가 되지 못했을 것이다. 작가 앨런 버넷에 따르면 케일러는 목표를 훨씬 높게 잡았다. 그가 마멀레이드를 후식 대신 아침식사용 잼으로 마케팅하면서부터 마멀레이드를 아침식사에 곁들이는 전통이 생겼다고 한다. 이처럼 '아침식사용 마멀레이드'에 초점을 맞춘 덕택에 케일러는 백만 장자가 될 수 있었다.

얼마나 기발한 발상인가!

제임스 케일러
(1775-1839)

재미있는 토막 정보

'더 엑스 팩터'의 기획자 사이먼 코웰을 좋아하든 싫어하든 그가 비즈니스를 할 때 초점을 정확하게 맞춘다는 사실은 부인하기 어렵다. 그렇지 않고서야 EMI 음반사에서 우편 정리를 하던 남자가 어떻게 세계적으로 가장 수입이 많고 영향력이 큰 미디어 모굴 중 한 명이 될 수 있었겠는가? 코웰에게도 18개월 동안 카트를 밀면서 주당 25파운드를 벌던 시절이 있었다.

코웰은 커리어를 시작할 때부터 초점을 잘 맞췄다. 그는 음악 산업에서 일하고 싶었고, 정상에 서고 싶었다. 하지만 그의 전기 작가 톰 바우어에 따르면 코웰은 EMI사에 승진을 요청하고 거부당했을 때(그가 당시에 "음악에 대해 아는 것이 전혀 없었기" 때문에) 자신의 접근법이 효과가 없다는 사실을 깨달았다. 그럼 어떻게 했을까? 코웰은 그 순간, 바로 그 자리에서 "위를 향해 차근차근 올라갈 거야"라고 결심하고 전략을 바꿨다. 그리고 모든 노력을 한 방향에 집중시켜 목적을 달성했다.

한 방향에 대한 이야기가 나와서 말인데 보이밴드 '원 디렉션'의 성공은 코웰이 비즈니스의 귀재답게 초점을 잘 맞춘 덕택이다. 사이먼 코웰은 누가 '더 엑스 팩터'에서 우승할 것인지 고심하느라 스트레스를 받지 않는다. 그는 그럴 시간에 '더 엑스 팩터'가 끝나고 나서 누가 진정한 우승자가 될 것인지에 더 촉각을 곤두세운다. 클레어 빌이 쓴 기사 '원 디렉션: 반전이 있는 전통적인 성공 스토리'를 보면 코웰과 사이코의 전 마케팅 담당자 마크 하디가 단순히 또 다른 보이밴드를 결성하는 데서 그치지 않고 '젊은 브랜드'를 만드는 데 관심을 기울였다는 사실을 알 수 있다.

하디는 이렇게 설명했다. "최고의 브랜드는 관중이 원하는 것에 귀를 기울이고 그것에 반응함으로써 탄생합니다." 그래서 '더 엑스 팩터' 방영 기간 동안 코웰과 하디의 주 관심사는 파이널 두 달 전부터 '더 엑스 팩터'에 출연하는 모든 참가자의 소셜 미디어 프로필을 모니터하는 것이었다. 다시 말해, 그들에게는 '득표수'가 가장 많은 참가자가 중요한 것이 아니라 누가 (페이스북과 트위터에서) '관심'을 가장 많이 받는지가 더 중요했다. 코웰이 "음악 업계처럼 험난한 분야에서 '성공하고 싶으면 전반적인 상황을 살펴볼 줄 아는 안목이 있어야 한다"라고 말한 데는 다 이유가 있다.

초점을 더 잘 맞추고, 일을 하면서 비즈니스의 귀재다운 순간을 더 자주 즐기고 싶은 독자들을 위해 다음의 세 가지 실용적인 조언과 전략을 소개한다.

1. 맨 앞에 올 도미노를 찾아라

일을 하다 보면 때로는 온갖 방향으로 무작정 달려 나가기 쉽다(마케팅 전문가이자 저자 알 리스의 말). 창의적인 사람의 경우 특히 그렇다. 하지만 비즈니스에서 성과를 얻고 싶다면 '조금씩' 나아가는 것이 중요하다.

그것이 바로 게리 켈러와 제이 파파산(『원씽: 한 가지에 집중하라』의 저자)이 "탁월한 성과는 초점을 얼마나 좁힐 수 있는지에 달렸다"라고 주장하는 이유다. 그들은 그 좋은 예로 구글이 '검색'에 초점을 맞추는 것을 들었다. 그러니 다음번에는 정신없이 나아가기 전에 켈러와 파파산의 충고처럼 "맨 앞에 올 도미노"를 찾아보는 것은 어떨까? 그 도미노를 타깃으로 삼으면 여러 가지 혜택이 도미노 넘어지듯 밀려 올 것이다. 이런 점을 염두에 두고 켈러와 파파산이 던지는 다음의 질문에 답해보자.

Q1. 당신이 맨 앞에 둘 수 있는 도미노가 무엇인가? 오늘 어떤 일을 해야 다른 모든 일이 더 쉬워지거나 불필요해질까?

2. 초점을 전략적으로 맞춰라

최고의 경영 컨설팅 회사들은 기업이 가장 중요한 것에 초점을 맞추도록 돕는 능력이 있다고 자부한다. 그들이 그런 일에 탁월한 이유 중 한 가지는 초점을 전략적으로 맞출 줄 알기 때문이다.

예를 들어, 국제적인 경영 컨설팅 회사 맥킨지앤드컴퍼니는 "규모가 지나치게 큰일에 뛰어들지 마라"라고 조언한다. 시간이 곧 돈이며, 우리가 앞으로 나아가기 위해 항상 "모든 것에 대해 모든 것을" 알 필요는 없기 때문이다. 오히려 그 반대다. 우리가 해야 하는 일은 정보의 홍수 속에서 익사하는 것이 아니라 정보를 효과적으로 선별해내는 것이다.

그것이 바로 KPMG사가 자사의 컨설팅 서비스를 홍보하기 위해 "복잡함을 뚫고 나간다"라는 문구가 담긴 광고를 런던의 템스 강을 다니는 통근용 배의 옆면에 싣는 이유다(얼마나 기발한 발상인가!).

이러한 생각을 당신이 하는 일에도 적용해보라. 테리 리히 경(테스코의 전 CEO)이 자서전『(위대한 조직을 만드는) 10가지 절대법칙』에서 언급한 것처럼 비즈니스에서 문제의 해결책은 "제법 간단한" 경우가 많다. 따라서 일을 간단하게 만드는 것이 중요하다.

이제 다음의 질문에 셜록 홈즈가 된 기분으로 답해보자(홈즈는 문제에 대한 해결책이 "쉽고 간단하다"고 생각했다).

Q2. 맥킨지의 3의 법칙(첫째로, 둘째로, 셋째로 또는 가, 나, 다)에 따라 일의 핵심 목표 세 가지를 설정한다면 그 세 가지 요소가 무엇이겠는가?

3. 필요할 때는 변화를 줘라

비즈니스에 관한 대부분의 책은 심리학자들이 '주의 태만 제어'라고 부르는 것에 초점을 맞춘다. 다시 말해, 기업이 정체성을 찾고 나아갈 방향을 정확하게 알아내어 궤도에서 벗어나지 않고 목표에 도달하는 방법을 주로 소개한다. 베인앤드컴퍼니의 크리스 주크 역시 『핵심에 집중하라』에서 이런 내용을 다뤘다.

필자 역시 이것이 유용한 조언이라고 생각하며, 이 방면으로 도움이 되는 NEMO 기술을 자주 사용한다. NEMO는 'O를 제외하고는 아무것도 중요하지 않다Nothing Else Matters'는 뜻이다. 여기서 O는 양궁의 과녁을 떠올리면 된다! 단, 이 문제를 다루기 전에 아직 다루지 않은 과초점 문제를 먼저 살펴보자.

에이햅 선장(『백경』의 주인공)이나 (논란의 여지가 있을지도 모르겠지만) 투르드 프랑스의 우승자 랜스 암스트롱은 지나치게 승리에 초점을 맞춘 나머지 균형 있는 시각을 잃고 말았다. 이처럼 때로는 초점을 과하게 맞추는 것이 초점을 덜 맞추는 것만큼이나 많은 문제를 유발할 수 있다(이 문제는 추후에 상세하게 다루기로 한다).

그것이 바로 초점 전문가 토니 로빈스와 폴 맥케나가 단순히 "초점을 맞추면 반드시 그 대상을 더 많이 얻을 수 있다"라던가 "무엇이든 지속적으로 생각하고 초점을 맞추면 그것을 향해 나아갈 수 있다"라고 단언하지 않는 이유다. 그들은 일이 제대로 돌아가지 않을 때 "접근법을 변경"하는 것 역시 중요하다고 강조한다.

따라서 목표는 그대로 유지하되 그 목표를 향해 나아가는 길은 여유 공간을 확보하는 것이 좋다.

오늘날 성공한 여러 기업이 처음과는 전혀 다른 사업 분야에서 활동하고 있다는 점을 잊지 말자. 처음에 버진은 통신 판매용 카탈로그를 판매하며 사업에 뛰어들었고, 소니는 밥통을 만드는 회사였다. 닌텐도는 게임용 카드를 만들었으며, 노키아는 목재 펄프 분야에서 활동했다.

이런 점을 염두에 두고 세 번째이자 마지막인 아래의 질문에 답해보자.

Q3. 당신의 기업이 초점을 맞추고 있는 분야가 현재에도 가장 적합한 분야인가? 아니면 사업 분야를 바꿀 필요가 있는가?

안타깝게도 많은 조직이 위기가 닥쳤을 때 이 질문을 무시하여 전략적인 표류라는 함정에 빠지고 말았다(블록버스터 UK나 클린턴 카드가 여기에 해당한다). 따라서 비즈니스의 귀재가 되는 길에 오르고 싶다면 (미국 경영 전문가이자 저자인 켄 블랜차드가 말하듯이) 이중 초점을 도입하라. "한쪽 눈으로는 현재를 보고, 다른 눈으로는 미래를 보라."

여행길에서 초점을 매우 잘 맞추는 사람들과 만나 이야기를 나누는 것도 도움이 된다. 그들의 경우 어떤 방법을 사용해 효과를 봤는지 알아보고, 그런 통찰력을 당신의 상황에 적용할 수 있는 혁신적인 방법을 떠올려보라.

이번에는 필자가 주변에서 접한 사례를 소개하려고 한다.

▌ 존 캘러드(잉글랜드 럭비 팀의 키커)

필자의 지인인 존 캘러드는 1993~1997년에 잉글랜드 럭비 팀의 키커로 활약했다. 그는 필자에게 키커마다 공을 찰 때 이용하는 초점 맞추기 기술이 다르다고 했다. 킥의 라인에 초점을 맞추는 키커도 있고, 관중석에 보이는 머리 하나를 겨냥해서 공을 차는 키커도 있다. 하지만 캘러드의 경우 시각이 아닌 청각을 이용하여 초점을 맞췄다.

그는 경기장에 관중이 수천 명씩 있다 보니 소리야말로 집중을 방해하는 가장 큰 요소라는 사실을 깨달았다. 그래서 그 소리를 덮을 수 있는 다른 소리에 초점을 맞췄다. 그는 이렇게 말했다. "저는 공을 찰 때 경기장에 공, 럭비 골대, 저 이렇게 세 가지만 있다고 생각했습니다. 다른 것은 아무것도 없다고 생각했어요. 제가 초점을 맞춘 것은 제 발이 공을 차는 소리였습니다. '딱' 소리가 아니라 '뻥' 소리가 나는지에 귀를 기울였습니다."

우리도 캘러드처럼 청각적인 관점에서 생각해보자. 당신이 원하는

대로 비즈니스의 귀재가 되었다면 어떤 소리가 날 것 같은가? 다른 사람들이 당신의 놀라운 비즈니스 성과를 묘사할 때 구체적으로 어떤 단어를 사용할 것 같은가? 당신이 다른 사람들에게 어떤 중요한 메시지를 전달하고 싶을 것 같은가?

▌ 휴 그리피스(전직 토네이도 고속 제트기 비행사이자 비행 전략 강사)

필자의 또 다른 지인 휴 그리피스는 영국 공군을 위해 토네이도 고속 제트기를 조종했다(지금은 인즈파이어라는 비즈니스 성과 컨설팅 회사를 운영한다). 그리피스는 초점을 분명하게 맞출 수 있는 매우 효과적인 또 한 가지 방법을 제시한다. "비상사태가 닥치면 정말로 중요한 것에 초점을 맞춰야 합니다!"

그리피스는 이렇게 설명했다. "할리우드 영화에서 비행기가 위험에 처하면 조종사들이 온갖 스위치를 켜면서 '메이데이! 메이데이!'라고 소리치는 장면이 나옵니다. 옆에 있는 사람한테 지시사항을 외치기도 하고요. 하지만 현실에서 그런 상황이 닥쳤을 때 조종사들이 대처하는 방법은 너무나도 간단합니다. 바로 비행기를 계속 조종해야 한다고 자신에게 끊임없이 상기시키는 겁니다."

그리피스의 말이 너무 당연하게 들릴지도 모른다. 하지만 그가 설명한 것처럼 비상사태에 너무 집중한 나머지 비행기를 조종해야 한다는 사실을 잊어버린 조종사들이 실제로 있었다. 그들의 실수로 비행기가 3만 8천 피트 상공에서 속도를 잃고 아래로 떨어지고 말았다!

그리피스가 제안하는 것과 유사한 전략을 당신이 하는 일에 적용해보길 바란다. 물론 당신이 하는 일이 엔진에 불이 붙은 비행기를 200피트 상공에서 조종하는 것과 똑같지는 않을 것이다(그러지 않길 바란다). 하지만 이 전략의 기본 원리는 다른 일에도 똑같이 적용할 수 있다. 그리피스는 이렇게 말한다. "'비행기를 조종하는' 원리는 비즈니스와 밀접한 관련이 있습니다. 기업이 이익이나 매출에 지나치게 초점을 맞춘 나머지 현금 흐름에 신경을 쓰지 못하는 일이 비일비재하거든요. 비행기가 하늘에 계속 떠 있으려면 엔진에 기름이 있어야 합니다!"

집중력을 발휘하는 것과 일을 간단하게 유지하는 것은 서로 연관되어 있는 것처럼 보인다. 심리적인 압박이 큰 상황에서는 더욱 그렇다. 그것이 바로 비상사태가 닥쳤을 때 영국 공군 소속 조종사들이 "조종하고 방향을 읽어라. 그리고 나서 소통하라"라는 원칙을 따르도록 훈련받는 이유다(다시 말해, 비행기를 계속 조종해 안전한 방향으로 나아가게 하고 나서야 다른 사람들에게 어떤 일이 벌어지고 있는지 이야기하라는 것이다). 이런 간단한 원리가 조종사들에게 도움이 된다면 당신에게도 도움이 될지 혹시 아는가?

비즈니스의 귀재가 되기 위한 다음 단계

요약하자면 다음의 방법을 통해 초점을 더 잘 맞출 수 있다.

❶ 가장 중요한 것에 초점을 맞추는 데 도움이 되도록 당신에게 있어 초점을 제대로 맞추는 것과 제대로 맞추지 못하는 것이 정확히 무엇을 뜻하는지 생각해보라.

❷ '무의미한 초점'이라는 덫에 걸리지 않도록 당신이 현재 하고 있는 일이 비즈니스의 귀재가 되는 것과 어떤 연관성이 있는지 살펴보라.

❸ '주의 태만 제어'를 더 잘 할 수 있도록 NEMO 기술을 활용하라.

❹ 시각이나 청각의 힘을 더 쉽게 이용하고 비즈니스의 귀재가 되는 길에서 벗어

나지 않도록 당신의 상황에 적합한 비즈니스 계획을 세워라.

❺ 다른 모든 일에 긍정적인 도미노 효과를 불러올 수 있도록 오늘 할 일 중에서 영향력이 가장 큰 일에 초점을 맞춰라.

그리고 무엇보다도 중요한 것은 "비행기를 계속 조종해야" 한다는 사실을 기억하는 것이다!

명인의 명언

집중력이 경제적 성과의 열쇠다.

– 피터 드러커(저자, 교수, 경영 컨설턴트)

자 신 감 을
키 워 라

비즈니스의 귀재가 되는 길에 놓인 두 번째 걸림돌은 **자신감이 부족한 것이다.**

하지만 희소식은 이것이 당신의 이야기처럼 느껴지더라도 당신이 혼자가 아니라는 것이다. 프랭크 울워스부터 토머스 에디슨에 이르기까지 여러 비즈니스의 귀재가 처음에는 자신감이 부족했지만 커리어가 발전하면서 자신감을 키웠다.

우리가 기억해야 할 것은 항상 자신감이 100퍼센트인 사람은 아무도 없다는 것이다. 대신 우리에게는 '자신감이 있는 영역'이 있다. 예를 들어, 조종사는 폭풍우 속에서 비행기를 착륙시키는 일에 큰 자신감을 느낄 수 있다(이런 일을 겪은 적이 워낙 많기 때문이다). 하지만 연극에 출연해야 한다면 (그것도 리허설을 해본 적 없는 연극의 초연 날에) 자신감이 곤두박질칠 것이다. 연기의 귀재 로런스 올리비에마저도 무대 공포증을 완전히 극복하지는 못했다.

필자가 하고 싶은 말은 다음번에 자신감이 부족하다고 느끼는 상황이 닥쳤을 때 자신을 따뜻하게 대하라는 것이다. 자신감은 신뢰(무엇인가를 잘할 수 있는 자신의 타고난 능력을 믿는 것)를 뜻하며, 신뢰는 개발하고 키울 수 있다는 점을 잊지 마라.

이런 목표를 달성하는 데 마틴 페리가 '자신감 스펙트럼'이라고 부르는 것에 대해 아는 것이 도움이 될 수 있다(페리는 이에 대해 『숨은 능력을 끌어내는 자신감 UP 노트』에서 자세히 다룬다). 간단히 설명하자면 페리의 자신감 스펙트럼은 다음과 같이 다섯 가지 영역으로 나뉜다.

❶ 거만함
❷ 자신감 충만
❸ 자신감
❹ 자기 회의
❺ 자신감 부족

보다시피 자신감은 스펙트럼의 한가운데 있으며, 거만함과 자신감 부족이 양 끝에 자리하고 있다. 하지만 여기서 헷갈리는 것이 있다. 필자는 수년 동안 온갖 유형의 세미나에서 다음과 같은 질문을 던졌다. "자신감과 거만함의 결정적인 차이가 무엇입니까? 둘 사이의 경계가 어디에 있습니까?" 많은 참가자가 정확한 경계점을 찾는 데 애를 먹었지만 페리는 둘의 경계가 '가정'에 달렸다고 훌륭하게 설명했다. 그렇다면 그가 내세우는 이유는 무엇일까?

페리는 경주에 참가하는 선수를 예로 들어 설명했다. 자신감이 있는 선수(3번 영역에 해당)는 "나는 우승할 수 있다"라고 말한다. 자신이 경주에서 우승할 수 있는 타고난 능력이 있으며, 그런 점을 스스로 믿는 것이다. 한편 자신감이 충만한 선수(2번 영역에 해당)의 경우 "내가 우승할 것이다"라고 말한다. 이는 앞의 선수가 한 말과 똑같은 내용에 믿음을 더 보탠 격이다. 하지만 거만한 선수(1번 영역에 해당)는 "내가 항상 우승한다"라고 말한다. 차이점이 들리는가?

마지막 선수가 실제로 우승할 수도 있고, 통계적으로 우승할 확률이 99퍼센트에 달할지도 모른다. 하지만 자신이 우승을 할 것이라고 '가정'한다면 그것은 분명 거만한 태도다!

태도가 거만한 사람을 비즈니스의 세계에서 흔히 볼 수 있다는 사실은 놀랍지 않다. 거만한 상사는 자신의 의견이 들을 가치가 있는 유일한 의견이라고 가정하며, 거만한 관리자는 자신이 이미 모든 것을 알고 있기 때문에 다른 사람들의 이야기를 들을 필요가 없다고 가정한다. 누구나 한 번쯤 이런 사람을 만나 본 적이 있을 것이다.

이쯤에서 스펙트럼의 다른 쪽 끝은 어떤 상황인지 궁금할 것이다. 비즈니스 프레젠테이션을 망쳤거나 할 말을 잊어버렸거나 중요한 거래를 성사하지 못해 프로젝트를 함께 준비한 팀원들을 실망시켰다면 자신감이 떨어질 수밖에 없다. 이때 다음의 두 가지 방향으로 심리적으로 위축될 수 있다.

▶ **자기 회의**: 경주에 참가한 선수가 "나는 아마 우승하지 못할 거야"라고 말하는 식이다.
▶ **자신감 부족**: 선수가 "나는 한 번도 우승한 적이 없잖아. 경주는 참가해서 뭐해?"라고 말하는 식이다. 이는 거만한 선수의 가정만큼이나 화자에게 해가 된다.

그런데 이런 생각이 드는 독자도 있을지 모른다. "저건 맞는 말이야. 하지만 비즈니스의 귀재 중에서 엄청나게 거만한데도 잘 지내는 사람도 수도 없이 많잖아. 반대로 알고 보면 자신감이 부족한데도 성공한 사람도 많고 말이야."

이는 맞는 말이다. 필자가 하고 싶은 말은 비즈니스의 귀재가 될 확률을 극대화하려면 거만하거나 자신감이 부족한 모습보다는 자신감 있는 모습이 도움이 될 것이라는 말이다.

다시 말해, 학자들이 '자기 효능감'이라고 부르는 개념이 도움이 될 가능성이 크다. 이 개념은 스탠퍼드대학교의 밴두라 교수가 창안했으며, "특정한 상황에서 자신이 성공할 능력이 있다는 것에 대한 믿음"을 뜻한다.

데이비드 세이들러를 예로 들어보자. 세이들러는 어린 시절에 초조할 때마다 말을 더듬는 증상에 시달렸는데 이는 그의 자신감을 꺾었고 말을 더듬는 증상을 악화시켰다. 그의 부모는 잉글랜드의 조지 6세도 말을 더듬었다며 걱정하지 말라고 그를 안심시켰다. 세이들러는 이런 통찰력을 무시하고 사람들을 기피할 수도 있었지만 그러지 않았다. 그 대신 수년이 지나고 나서 비즈니스의 귀재처럼 자신의 약점을 강점으로 승화시켰다. 말더듬 증상에 관해 '킹스 스피치'라는 영화의 각본을 쓴 것이다. 이 영화는 2011년에 아카데미 시상식에서 최우수 영화상을 수상하는 영예를 안았다!

배우 숀 코네리가 성공의 비결에 대한 질문을 받은 적이 있다(아직도 많은 사람이 그를 최고의 제임스 본드로 여긴다). 그의 대답은 간단했다. "자신감, 자신감, 자신감"이었다. 물론 영화배우처럼 잘생긴 얼굴에 몸매도 근육질이었기 때문에 코네리가 이렇게 대답하긴 쉬웠을지 모른다. 하지만 그는 중요한 메시지를 던졌다. 다음에 소개하는 피터 존스(「거물Tycoon」의 저자이자 TV 프로그램 '드래곤스 덴'의 투자가)의 말처럼 비즈니스에서는 자신을 믿는 것이 매우 중요하다.

> "당신 스스로 자신이나 자신의 아이디어를 믿지 않는다면 다른 사람이 그것을 믿을 이유가 있겠는가?"

코네리는 이 메시지의 좋은 본보기다. 그는 1962년에 본드 영화의 오디션을 보러 갔을 때 자신이 주연을 따낼 확률이 극히 낮다는 사실을 알고 있었다. 그래서 약간의 연기를 하기로 결심했다. 코네리는 고양이의 힘과 우아함을 겸비한 채 오디션을 보는 방으로 걸어 들어갔다(그는 스웨덴의 동작 및 자세 전문가 야트 맘그렌의 지도를 받았다). 그리고 자신감을 뿜어내고 영화 제작자 커

비 브로콜리와 해리 샐츠먼에게 좋은 인상을 남기기 위해 최선을 다했다. 결과는 성공적이었다.

코네리의 전기 작가 크리스토퍼 브레이에 따르면 두 제작자는 코네리가 오디션을 마치자마자 원하는 인물을 찾았다는 사실을 알았다. 브로콜리는 그것이 순전히 코네리의 자신감 덕택이었다고 회상했다. 하지만 자신감이 성공으로 이어지려면 그것이 가능하다고 스스로 굳게 믿어야 한다.

그럴지 않으면 신경 언어학 프로그래밍에 관한 연구가 나타내듯이 말을 자신 있게 하더라도 보디랭귀지와 생리적인 면에서 자신감이 부족한 모습이 드러날 것이다. 따라서 진정한 자신감이 중요하다는 점을 잊지 마라.

유용한 조언과 탈출 전략

안타깝게도 자신감을 단번에 키워줄 수 있는 마법은 없다. 하지만 아래에 상당한 도움이 될 수 있는 세 가지 조언과 전략을 소개한다.

1. 존재감을 확장하라

여러 자신감 전문가가 카리스마는 타고나는 특성이라고 주장하는 만큼 카리스마에 대해서는 잊어버리자. 대신 존재감에 초점을 맞춰보자. 다행히 존재감은 누구나 개발할 수 있는 특성이다!

『자신감 키우기Creating Confidence: How to develop your personal power and presence』의 저자인 존재감 전문가 메리베스 번치에 따르면 "존재감은 공간 감각과 그것을 활용하는 방법에 관한 것이다." 이런 점을 염두에 두고 존재감을 확장할 수 있는 실용적인 방법 두 가지를 살펴보자.

첫 번째 방법은 번치의 설명처럼 "나는 여기에 있고 싶어"라고 되뇌는 것이다. 좀 이상하게 들릴지도 모르겠지만 한번 생각해보라. 자신감이 부족할 때 어떤 일이 벌어지는가? "나는 여기에 있고 싶지 않아"라고 정반대의 말을 하지 않는가? 강연이 끝나고 질의응답 시간으로 넘어가는 광경을 본 적이 있는가? 청중의 대부분은 첫 번째 질문이 나오기도 전에 자리를 뜬다.

두 번째 방법은 우리가 어디에 있든 집에 있다고 상상하는 것이다. 번치의 말에 따르면 "집에 있다고 느낄 때 우리의 행동이 변하기" 때문이다. 집은 우리만의 영역이자 우리가 우위를 점하는 심리적으로 유리한 공간이다. 따라서 자신감을 키우고 싶다면 다음의 질문에 답해보자.

Q1. 현재 당신이 점유하고 있는 개인적인 공간(에너지장)의 크기가 어느 정도인가? 이 공간이 10배 또는 100배 넓어진다면 자신감이 어느 정도 커질 것 같은가?

2. 메시지를 일치시켜라

필자는 수년 동안 여러 기업의 직원들과 일하며 그들의 프레젠테이션 기술이 향상되도록 도왔다. 흥미롭게도 그들이 가장 어려워한 것 중 한 가지는 청중에게 이야기할 때 손을 사용하는 방법이었다. 뒷짐을 지면 태도가 너무 딱딱해 보일 우려가 있고, 손을 주머니에 넣으면 너무 캐주얼해 보일 수 있다. 그렇다고 해서 손을 계속 움직이면(펜을 초조하게 딸깍거리거나 문서를 정리하는 등의 동작을 취하면) 청중의 짜증을 유발할 우려가 있다.

비밀은 손을 어떻게 사용하는지가 사실 별 상관이 없다는 것이다. 손동작이 자신이 전달하려는 메시지와 일치하기만 하면 된다. 따라서 한 가지 사항을 강조하고 싶다면 손가락을 하나 들고는 "이 프레젠테이션을 통해 한 가지를 얻고 싶으시다면 그것이 바로 이것이 되었으면 좋겠습니다"라고 말하라. 만일 "이 문제를 해결하기 위해서는 부서의 모든 직원이 힘을 합쳐야 합니다"라고 말하고 싶다면 양손을 모으는 동작을 취하라. 이는 '손의 꼭두각시놀음'이라고 불리는데 다음번에 자신감 있는 발표자를 볼 기회가 생기면 그 사람이 하는 동작을 자세히 살펴보고 배우길 바란다.

3. 남의 시선을 의식하지 마라

비즈니스를 할 때 자신감이 부족한 사람은 남의 시선을 지나치게 의식하는 경우가 많다. 사실 그래서 자신감이 부족해지는 것이다. 페리의 말에 따르면 그런 사람은 아래에 소개하는 자신감을 없애는 네 가지 적의 포로가 되고 만다.

❶ 다른 사람들이 어떻게 생각하는지에 대해 지나치게 걱정하는 것
❷ 자신이 보유한 기술과 능력을 의심하는 것
❸ 자신을 다른 사람들과 지속적으로 비교하는 것
❹ 실패를 두려워하는 것

이런 문제를 해결하는 가장 좋은 방법은 이와 반대로 행동하는 것이다. 예를 들면, 필자가 프레젠테이션 기술에 관해 얻은 최고의 조언 중 한 가지는 자신이 그저 메시지를 전달하는 사람이라고 생각하라는 것이다. 당신은 단순히 메시지를 전달하기 위해 거기 있을 뿐이며, 다른 사람들이 그 메시지를 어떻게 받아들일 것인지는 전

혀 다른 문제다. 다시 말해, "그것은 당신에 관한 일이 아니다!"

이런 생각이 들기 시작하면 프레젠테이션 기술이 향상되는 경우가 대부분이다. 심리학 교수 에이드리언 펀햄에 따르면 최고의 프레젠테이션은 뛰어난 프레젠테이션 기술보다는 훌륭한 불안감 관리에 바탕을 두기 때문이다.

메시지 전달자의 이야기가 나온 만큼 고대 그리스 신화에 대해 잠깐 생각해보자. 헤르메스는 날개가 달린 멋진 부츠를 신었던 제우스의 전령이자 상업과 상인의 신이었다. 고대 그리스가 없었더라면 오늘날 나이키, 아르고스, 오메가, 아마존과 같은 이름의 기업이 없었을 것이다.

비즈니스의 귀재가 되기 위한 다음 단계

요약하자면 다음의 방법을 통해 자신감을 키울 수 있다.

❶ 당신의 발전을 저해하는 가정에 이의를 제기할 수 있도록 자신이 '자신감 스펙트럼'의 어디쯤에 위치하는지 생각해보라.

❷ 다른 사람들이 자신감을 발휘하여 성공한 이야기를 살펴보자. 다른 사람들이 어떻게 차질을 성공의 발판으로 삼았는지 알아보면 앞길을 가로막는 장애물을 뛰어넘는 데 영감을 얻을 수 있다. 데이비드 세이들러의 사례를 잊지 마라.

❸ 숀 코네리처럼 자신을 굳게 믿어라. 당신 스스로 자신이나 자신의 아이디어를 믿지 않는다면 다른 사람이 그것을 믿을 이유가 있겠는가.

❹ 개인적인 존재감을 확장할 수 있도록 "나는 여기에 있고 싶어"라고 되뇌는 데 도움이 될 만한 계획을 세워라.

❺ 내면의 비판적인 목소리를 잠재우기 위해 자신감의 네 가지 적을 타깃으로 삼아라. 다른 사람들이 어떻게 생각하는지에 대해 덜 걱정하고, 자신의 능력을 덜 의심하고, 자신을 다른 사람들과 덜 비교하고, 실패를 덜 두려워할수록 자신감이 즉시 커질 확률이 높다.

명인의 명언

자신감은 성공을 부른다.

-데버러 미든(영국의 기업인이자 '드래곤스 덴'의 투자가)

회 복 력 을
키 워 라

비즈니스의 귀재가 되는 길에 놓인 세 번째 걸림돌은 **회복력이 떨어지는 것이다.**

일에 차질이 생겼을 때 그에 따른 충격이나 타격으로부터 회복하지 못하는 것이 문제다. 일을 뛰어나게 잘하기 위해서는 이런 기술이 대단히 중요하다!

예를 들면, 세자르 리츠는 와인 담당 웨이터로 일하다가 "당신은 호텔업계에 어울리는 인물이 아닙니다!"라는 소리를 듣고 나서 해고당했을 때 그 업계를 떠날 수도 있었다. 하지만 그는 그런 일이 자신의 발목을 잡게 놓아두지 않았다.

월트 디즈니 역시 상상력이 부족하고 좋은 아이디어가 없다는 이유로 신문사 편집장으로부터 해고당한 일이 있었다. 그는 이런 뼈아픈 비판을 새겨듣고는 창의력을 덜 필요로 하는 커리어를 선택할 수도 있었다. 하지만 그는 야망을 접기에는 투지가 넘치는 사람이었다.

벤 애플렉의 경우도 마찬가지다. 그는 2005년에 '서바이빙 크리스마스'라는 영화가 개봉하면서 배우 인생 최대의 위기를 맞았다. 일을 그만두고 싶은 유혹이 분명 들었겠지만 애플렉은 (『블랙 스완』과 『안티프래질』의 저자) 나심 니콜라스 탈레브의 "어려운 시간은 오래가지 않지만 강인한 사람들은 오래 살아남는다"라는 말이 사실이라는 것을 보여주었다.

영화 '본 아이덴티티'로 유명한 애플렉의 절친한 친구 맷 데이먼은 (2013년 8월에 「쇼트리스트」와의 인터뷰에서) 애플렉이 에이전트에게서 이런 말을 들었다고 했다. "이 영화가 개봉하면 상황이 정말 안 좋아질 겁니다. 이제 바닥을 친 것이나 다름없으니까 오늘부터 다시 위로 올라가면 됩니다."

결국 애플렉은 강인한 정신력을 바탕으로 시련을 딛고 일어나 영화 '아르고'의 주연 배우이자 감독으로 부상했다. 인질들을 기발하게 구출하는 계획에 관한 이 영화는 애플렉의 커리어를 최정상 자리에 올려놓았다.

따라서 일을 하면서 이런 점을 염두에 두길 바란다. 비즈니스의 귀재 중에 처음부터 끝까지 커리어가 순탄했던 사람은 거의 없다. 오히려 그 반대다. 밀튼 허시에서 헨리 포드나 하인즈에 이르기까지 재정적인 타격을 받고 나서 파산 상태에서 겨우 빠져 나온 사람이 거의 대부분이다.

하물며 음악이나 출판업계의 경우 회복력이 좋은 사람들이 끊임없는 거절과 차질에도 굴하지 않고 꿋꿋하게 앞으로 나아가지 않았더라면 산업 자체가 거의 존재하지 않았을지도 모른다.

예를 들어, 기타리스트 마크 노플러는 음악을 시작한 초기에 돈이 별로 없었다. 그렇다고 해서 노플러가 좌절했을까? 아니다. 그는 밴드의 이름을 다이어 스트레이츠('지독한 경제적 궁핍'이라는 의미-옮긴

이)라고 지었다. 몇 년 후 노플러가 돈을 많이 벌게 되자 그를 시기한 배달원들이 그가 "아무것도 하지 않으면서" 돈을 번다고 빈정댔다. 그런 신랄한 비판 때문에 노플러의 자존심이 상했을까? 아니다. 노플러는 그 말을 다음 곡의 제목으로 사용하여 돈을 더 많이 벌었다!

이와 마찬가지로 J.K 롤링의 『해리 포터』는 블룸스버리와 계약이 체결되기 전에 12개의 출판사에서 퇴짜를 맞았다. www.literaryrejections.com에 따르면 계약이 성사되고 나서도 롤링은 출판사의 편집자에게서 아동 서적으로 돈을 벌 가능성이 적은 만큼 다른 일도 구해 보라는 조언을 들었다. 작가가 책의 출판을 거절당하고 나서 낙담한 나머지 원고를 쓰레기통에 버렸다가 주변인이 원고를 다시 꺼내고 작가의 정신적인 회복을 도운 경우도 있다. 스티븐 킹의 『캐리』가 바로 이런 경우에 해당한다. 이 책은 무려 30개의 출판사에서 거절당했으나 나중에 3억 5천만 부가 팔린 베스트셀러로 자리매김했다!

따라서 비즈니스의 귀재가 되고 싶다면 넘어지더라도 계속 넘어져

있을 필요는 없다는 점을 명심하라. 영화 '터칭 더 보이드'의 등산가 조 심슨은 안데스 산맥을 오르다가 동료가 둘 다 떨어지지 않게 하기 위해 밧줄을 잘라 추락하고 말았다. 하지만 그는 살아남아 "성공은 우연이 아니라 선택이다"라는 명언을 남겼다.

재미있는 토막 정보

비즈니스의 귀재가 갖춘 놀라운 회복력을 잘 보여주는 예는 바로 자동차 회사 혼다의 이야기다. 토니 로빈스는 이 이야기를 '내면의 거인을 깨워라'라는 제목의 세미나에서 들려주곤 했다. 로빈스는 혼다 소이치로의 야망이 수차례 위기를 맞았다는 점을 강조했다. 하지만 혼다는 포기하지 않았다.

첫 시련은 1938년에 찾아왔다. 혼다가 분투 끝에 제작에 성공한 전문적인 피스톤 링을 도요타가 거부한 것이다. 상품의 품질이 뛰어나지 않다는 것이 문제였다. 그렇다고 해서 혼다가 포기했을까? 아니다. 그는 대학으로 돌아가 피스톤 링을 개선했지만 디자인이 우스꽝스럽다며 동기와 교수들에게서 놀림을 당했다.

2년 후 혼다는 마침내 도요타와 계약을 성사했으나 또 다른 난관에 봉착했다. 일본이 전쟁 준비를 하고 있었기 때문에 공장을 짓는 데 필요한 콘크리트가 없었던 것이다. 그래서 혼다는 창의적으로 콘크리트를 직접 만들었다. 하지만 안타깝게도 혼다의 공장은 전쟁 중에 두 번이나 폭격을 당했다! 그렇게 고생을 거듭했지만 시련은 끝나지 않았다.

일본이 심각한 원자재 부족에 시달리자 혼다는 진취력을 발휘하여 팀원들에게 미국인들이 "트루먼 대통령의 선물"이랍시고 두고 간 기름통을 들고 오라고 지시했다. 하지만 지진이 일어나는 바람에 그가 소유한 땅이 무너지고 말았다. 그렇다면 혼다가 이쯤에서 꿈을 접었을까? 아니다. 그는 다시 일어섰다.

전쟁이 끝나자 혼다는 전 세계적으로 휘발유가 부족하다며 자전거에 작은 모터를 달고 타고 다녔다. 많은 사람이 그의 발명품을 좋아했지만 그에게는 그런 자전거를 생산할 수 있는 자본이 없었다. 그래서 일본 전역에 있는 자전거 가게 주인들에게 편지 1만 8천 장을 보내 도움을 청했고, 그중 5천 명이 투자를 하는 데 동의했다. 하지만 그가 만든 자전거는 덩치가 너무 크다는 평을 들어서 '슈퍼컵'이라는 작은 자전거를 다시 만들어야 했다.

필자가 이 이야기를 길게 늘어놓은 이유는 혼다가 실패를 딛고 계속 일어나지 않았더라면 '꿈의 힘'이라는 슬로건을 내건 오늘날의 혼다사는 존재하지 않았을 것이기 때문이다. 혼다는 현재 직원 수가 10만 명이 넘는 대기업으로 성장했다. 혼다가 "성공은 99퍼센트의 실패다"라는 말을 남긴 데는 다 이유가 있다.

유용한 조언과 탈출 전략

비즈니스를 하면서 받은 타격에서 회복하는 능력을 키우는 데 도움이 되는 세 가지 실용적인 도구를 소개하려고 한다.

1. 학습된 낙관주의를 실천하라

긍정 심리학 전문가 마틴 셀리그먼과 일로나 보니웰에 의하면 낙관주의자와 비관주의자의 가장 큰 차이는 그들이 정보를 처리하는 방식이다. 새로운 계약을 성사하는 등 비즈니스를 하다가 좋은 일이 생겼다고 생각해보자. 이때 낙관주의자는 이 정보를 다음과 같이 처리할 것이다.

▶ **내적인 방법**: "이 계약을 따내는 데 내가 보탬이 됐어."
▶ **안정적인 방법**: "내가 계약을 따내는 데 소질이 있을지도 모르겠다는 생각이 들어."
▶ **포괄적인 방법**: "내가 이 계약을 따내는 데 도움이 됐다면 우리가 앞으로 더 많은 계약을 따내도록 도울 수 있을 거야."

하지만 비관주의자는 정반대로 생각하여 똑같은 정보를 다음과 같이 처리할 가능성이 크다.

▶ **외적인 방법**: "우리를 선택한 것을 보니 굉장히 절박했나 봐!"
▶ **불안정한 방법**: "내가 도움이 되긴 했지만 운이 좋았을 뿐이야."
▶ **구체적인 방법**: "이것은 한 번 일어난 일에 불과해. 다른 계약은 모두 실패하고 말 거야."

그런데 흥미롭게도 계약을 성사하지 못했을 경우에는 정반대의 상황이 벌어졌을 것이다. 낙관주의자는 이런 악재를 다음과 같이 받아들였을 것이다.

▶ **외적인 방법**: "아무래도 덜 혁신적인 공급업체를 원했나 봐."

▶ **불안정한 방법**: "신경 쓰지 말아야지. 이 덕택에 수익이 더 많은 다른 계약을 따내는 데 집중할 수 있게 됐잖아."

▶ **구체적인 방법**: "이번 일은 잘 안 됐지만 가끔 그럴 수도 있지. 이것 말고도 좋은 비즈니스 기회는 얼마든지 있으니까."

반면 비관주의자는 다음과 같이 생각할 것이다.

▶ **내적인 방법**: "이건 전부 내 탓이야. 나 때문에 우리가 이 계약을 따내지 못했어."

▶ **안정적인 방법**: "일이 또 이렇게 됐네. 나는 절대로 계약을 따내지 못할 거야!"

▶ **포괄적인 방법**: "우리는 따내려는 모든 계약에 실패하는 것 같아."

비즈니스 악재에서 회복할 때는 이런 점을 염두에 두어라. 좋은 사건이든 나쁜 사건이든 그것을 어떻게 받아들이기로 결정하는지에 따라 그 사건이 당신을 격려하는 절친한 친구가 될 수도 있고 당신을 뒤로 잡아끄는 최악의 적이 될 수도 있다.

2. 다이아몬드가 되어라

다이아몬드는 지구상에서 가장 단단한 자연 물질이다. 그러나 배리 파버가 『지금 당장 시작하라 2』에서 밝힌 내용에 의하면 다이아몬드가 그토록 단단한 유일한 이유는 수만 년 동안 땅 속에 묻혀 있었기 때문이다. 화산 활동에 의해 지표면으로 올라오기 전까지 다이아몬드의 탄소 결정이 온갖 방향에서 압력을 받아 단단해지는 것이다.

따라서 직장에서의 경험 때문에 좌절감을 느낄 때 이런 점을 떠올리기 바란다. 당신이 겪은 일이 끔찍할지도 모르지만 비 온 뒤에 땅이 굳는다는 생각으로 상황을 받아들이면 곤경을 헤쳐나갈 수 있을 것이다.

만일 다이아몬드 이야기가 와 닿지 않는다면 다른 이야기를 선택하라. 파버의 경우 회복력은 마치 나비의 날개와 같다고 말하기도 했다. "나비는 고치에서 벗어나기 위해 날개를 고치의 벽에 계속 부딪혀야 한다. 그래야만 날개에 날 수 있는 힘이 생긴다."

3. 여덟 번 일어나라

칠전팔기라는 사자성어가 있다. 이 말은 일곱 번 넘어져도 여덟 번 일어난다는 뜻이며, 회복력을 단적으로 표현한다. 회복력이 뛰어나다는 것은 어떤 일이 일어나더라도 꿋꿋하게 앞으로 나아갈 의지가 있다는 의미다. 마치 로버트 더 브루스의 이야기에 나오는 작은 거미처럼 말이다.

따라서 포기하고 싶은 유혹이 들 때 비즈니스의 귀재가 되는 것과 기업가 정신을 발휘하는 것은 밀접한 연관이 있다는 사실을 기억하라. 기업가 정신은 일을 해보고 그것을 통해 배움을 얻고 일을 다시 해보는 과정에 관한 것이다.

비즈니스의 귀재가 되기 위한 다음 단계

요약하자면 다음의 방법을 통해 회복력을 키울 수 있다.

➊ 비즈니스를 할 때 더 균형 잡힌 시각을 개발하도록 커리어가 처음부터 끝까지 순조로운 사람은 드물다는 사실을 기억하라.

➋ 다른 사람들이 일에 차질이 생겼을 때 어떻게 극복했는지 알아보라. 리츠, 디즈니, 애플렉, 혼다의 사례처럼 상황에 유연하고 끈질기게 대처한다면 불가능해 보이는 일도 가능해질 수 있다.

➌ 현재뿐만 아니라 미래에도 번성할 수 있도록 긍정 심리학과 학습된 낙관주의의 힘을 활용하라.

➍ 역경을 전화위복의 계기로 삼아 성공할 수 있도록 계획을 세워라. 마크 노플러의 사례처럼 약간의 창의적인 사고를 통해 약점처럼 보이는 것을 강점처럼 보이게 할 수 있는 방법은 언제나 있기 마련이다.

➎ 판단 착오를 경험할 때마다 배울 점을 찾아라. 일반적으로 비즈니스를 하면서 성공한 일보다 실수한 일을 통해 배울 수 있는 것이 더 많다.

명인의 명언

진정한 성공은 모두가 포기할 때 끈질기게 버티는 것이다.

−캐런 브래디(웨스트햄 유나이티드의 부회장이자 영국의 선두적인 재계 인물 중 한 명)

스 트 레 스
관리 능력을
키 워 라

비즈니스의 귀재가 되는 길에 놓인 네 번째 걸림돌은 **스트레스 관리를 비효율적으로 하는 것이다.**

이때 비효율적이라는 말은 악의로 하는 것이 아니라 단순히 효과적인 스트레스 관리가 그 어느 때보다도 중요해졌다는 뜻이다. 일이 퇴근하고 나서도 끝나지 않는 경우가 많기 때문이다.

항공 교통 관제를 예로 들어보자. 필자는 수년 전에 항공 교통 관제일을 하는 사람을 만난 적이 있다. 그 일이 스트레스가 대단히 심할 것이라고 늘 생각했으나 놀랍게도 딱히 그렇지 않다는 대답이 돌아왔다. "항공기가 서로 충돌하지 않고 안전하게 착륙하도록 돕기 때문에 직장에 있을 때는 스트레스 지수가 높은 편입니다. 하지만 직장을 나서는 순간 스트레스를 더 이상 받지 않습니다. 그것이 더 이상 제 문제가 아니라 다른 사람의 문제가 되니까요!"

항공 교통 관제의 세계에서는 일을 하는 중이거나 일을 마쳤거나 둘 중 한 가지 상황에 처하기 때문에 일이 퇴근 후에도 계속되는 경우는 거의 없다. 하지만 경계가 그토록 분명한 직업은 많지 않다. 저녁이나 주말에 하려고 일을 집에 들고 가는 경우가 얼마나 많은가? 트위터를 확인하지 못해 몸이 근질거리고 비즈니스 이메일을 끊임없이 확인하는 경우도 얼마나 많은가? 무엇인가를 놓칠까 봐 두려워 웹 서핑을 멈추지 못하는 사람도 많다. 상사나 고객이 전화를 걸어 "휴가 중이신 줄은 알지만요…"라고 말을 하는 바람에 일로부터 완전히 해방된 느낌을 즐기지 못한 경우가 얼마나 많은가?

필자가 하고 싶은 말은 현대의 비즈니스 세계는 365일 24시간 내내 전 세계적으로 연결되어 있고 여러 가지 면에서 환상적이지만 그 이면에는 일로부터 완전히 해방되지 못하는 문제와 스트레스가 자리하고 있다는 것이다.

이런 일이 벌어지는 이유는 우리의 몸이 현대의 현대적인 스트레스를 감당할 만큼 빠른 속도로 진화하지 못했기 때문이다. 저자 대븐포트와 벡은 이와 같은 환경을 '주목 경제'라고 부른다. 이런 경제에서는 사람들이 무한한 유형의 사람과 사물에 신경 쓰도록 끊임없이 압력을 받는다.

수백만 년 전에는 호랑이가 쫓아오면 우리가 도망가는 데 도움이 되도록 몸이 아드레날린을 분비하거나 싸우는 데 도움이 되도록 노르아드레날린을 자연스럽게 분비했다. 둘 중 어느 경우든 이런 화학 물질은 그 특정한 위협을 처리하는 과정에서 모두 소진되었다. 하지만 오늘날에는 (직장에서 마주하는 여러 가지 위협과 어려움을 해결하는 데 도움이 되도록) 똑같은 화학 물질이 우리의 혈관을 타고 흐르지만 항상 소진되는 것은 아니며 분비가 멈추지 않는 경우도 있다! 우리가 책상에 앉아 있거나 회의에 참석해서 씩씩거리거나 다른 종류의 공격에 대비하는 동안 아드레날린과 노르아드레날린이 계속 분비되는 것이다.

따라서 비즈니스의 귀재가 되기 위해서는 때때로 몸의 전원 스위치를 끄는 방법을 아는 것이 중요하다. 그렇지 않으면 얻는 것보다 잃는 것이 더 많아질 것이다. 스트레스가 심리적, 생리적, 신체적인 면에서 우리에게 악영향을 얼마나 많이 미치는지 알고 싶다면 스티븐 파머 교수와 린다 스트리크랜드의 『스트레스 관리Stress Management』를 읽어보라.

이때 말하는 스트레스는 손바닥에 땀이 나고, 숨이 차고, 두통이 오는 비교적 간단한 증상만을 뜻하는 것이 아니다. 스트레스를 너무 많이 받으면 악몽이나 요통에 시달리고, 시니컬해지거나 남을 시기할 수 있다. 때로는 시간 관리를 잘못해서 좋은 인간관계를 망칠 우려도 있다. 일을 너무 많이 해서 죽음에 이르는 과로사도 있지 않은가. 캐리 쿠퍼 교수가 스트레스를 "우리 시대의 가장 큰 질병"이라고 부르는 데는 이유가 있다.

그러나 뇌의 전원 스위치를 끄고 비즈니스의 귀재로 거듭나기 위해서는 우선 생각을 멈출 줄 알아야 한다. 예를 들면, 스트레스가 곧 '심리적인 자기 질식'이나 마찬가지라는 점을 이해해야 한다(스트레스는 우리에게 주어졌다고 우리가 '인지하는 요구'와 그런 요구에 부응하기 위해 필요하다고 우리가 '인지하는 자원'의 불균형 때문에 발생한다). 이런 표현은 끔찍하지만 스트레스를 묘사하는 영어 단어들의 로마 및 앵글로색슨 어원을 살펴보면 납득이 갈 것이다.

stringere(스트레스): 손으로 꼭 쥐다/팽팽하게 잡아당기다
angere(불안감): 질식시키다
tendere(긴장): 팽팽하게 당기다

wrygan(격정): 목 졸라 죽이다

따라서 비즈니스의 귀재처럼 스트레스 관리를 잘하고 싶다면 우리가 하는 생각이 긴장을 더 키워 숨이 막히는 느낌을 유발할 수도 있고 긴장을 풀어줄 수도 있다는 점을 기억하라.

재미있는 토막 정보

관광업계보다 스트레스 덕택에 더 번성한 산업은 거의 없을 것이다. 그토록 많은 사람이 매년 큰돈을 들여 호텔 수영장에서 느긋하게 쉬거나 눈 덮인 산 위에 있는 스파 시설을 찾는 이유는 긴장을 풀고 스트레스를 완화하기 위해서다.

여행 바람을 몰고 온 비즈니스의 귀재는 빅토리아 시대의 기업가 토머스 쿡이라고 볼 수도 있겠다.

쿡은 1841년에 설교 활동을 접고 절주 운동에 참여하고 있었다. 이 운동은 알코올의 소비를 반대하고 알코올이 사회의 안녕에 미치는 영향을 비판했다. 그러던 어느 날 쿡은 강연을 듣기 위해 동료 운동원들을 데리고 레스터에서 러프버러까지 가는 맞춤형 기차 편을 예약했다. 그리고 그 대가로 동료들에게 "두당 1실링"을 청구했다.(정보 출처: www.thomascook.com)

당시에는 이런 발상이 대단히 획기적이었다. 그때까지만 하더라도 사람들이 대체로 여행 준비를 각자 했기 때문이다. 하지만 쿡은 매우 똑똑했다. 다른 사람들이 여행을 준비하면서 받을 스트레스와 번거로움을 없앴다. 사람들이 해야 했던 일은 그에게서 표 한 장을 사는 것이 전부였다. 나머지는 쿡이 다 알아서 처리했고, 일은 거기서부터 커졌다.

쿡은 1845년에 여행 준비 과정을 더 상업화하기 시작했다. 사람들에게 현대의 여행 브로슈어의 전신인 여행용 핸드북을 제공하기도 했다. 1855년에 이르자 그는 관광객을 유럽의 인기 관광지에 보내고, 1870년대에는 호텔 쿠폰뿐만 아니라 여행자 수표의 전신인 순회 어음도 만드는 등 비즈니스의 귀재다운 아이디어를 내놓았다. 1869년에 쿡은 처음으로 나일 강을 유람하는 여행 일정을 준비했고, 그 후 여행자들이 느긋한 여행을 즐길 수 있도록 그들을 세계 각지로 보내기 시작했다.

토머스 쿡
(1808~1892)

유용한 조언과 탈출 전략

아래에 스트레스 관리 기술의 질을 높이는 데 도움이 되는 세 가지 실용적인 조언과 전략을 소개한다.

1. 자기 대화를 바꿔라

인지 행동 요법은 최근 몇 년 사이에 일에 관한 스트레스에 시달리는 환자들에게 대단히 각광받는 치료법으로 떠올랐다. 이는 "생각을 바꾸면 느끼는 감정을 바꿀 수 있다"라는 간단한 아이디어에 기반을 두고 있다.

직장에서 일이 틀어져 "모든 것이 내 탓이야!"라고 자책했다고 생각해보자. 머리를 양손으로 감싸 쥐며 "나는 일자리를 잃고 말 거야. 그리고 취업난이 이렇게 심할 때 다른 일을 구하지도 못할 거야"라고 생각한다고 가정해보자. 물론 이런 일이 실제로 벌어질지도 모른다.

하지만 인지 행동 요법에 따르면 이런 식의 생각은 스트레스 지수만 높일 뿐이다. 그보다는 흰색 가운을 입은 과학자가 현미경으로 관찰하듯 자신의 생각을 분석하는 편이 낫다. 이때 차분하고 객관적인 태도를 유지하는 것이 좋다.

예를 들어, 100퍼센트를 나타내는 원을 그리고 "이 문제의 100퍼센트가 100퍼센트 내 탓일까?"라고 생각해보는 것이 도움이 될 수 있다. 잘못의 대부분이 당신에게 있다는 결론이 나는 경우가 더 많겠지만 그렇다 하더라도 순전히 당신 탓만 있는 것은 아닐 것이다. 잘못의 20퍼센트는 팀원들의 잘못이고, 15퍼센트는 관리자의 잘못이고, 5퍼센트는 예측하지 못한 상황 때문이라는 생각이 든다면 스트레스 지수가 갑자기 낮아질 것이다. 당신이 떠안고 있던 잘못이 100퍼센트에서 60퍼센트로 줄어든 덕택이다.

그렇다고 해서 남을 탓하는 것이 스트레스를 줄이는 열쇠라는 뜻은 아니다. 그저 생각의 오류(일이 틀어진 이유를 과장하거나 일이 제대로 돌아간 이유를 축소하는 등)에 이의를 제기하는 것이 스트레스를 받는 상황을 다른 시각으로 보는 데 대단히 효과적인 방법이 될 수 있다는 것이다.

이런 점을 염두에 둔 채 다음번에 직장에서 스트레스를 받을 때 아래의 질문에 대답해보라.

Q1. 내가 이렇게 느끼도록 나 자신에게 어떤 말을 하고 있는가? (내가 나 자신에게 다른 말을 한다면 기분이 얼마나 나아질 수 있을까?)

2. 심호흡을 하라

여러 연구에 의하면 사람은 심리적인 압박을 느낄 때 자동적으로 호흡하는 방식이 변한다. 숨을 더 빨리, 그리고 더 얕게 쉬는 것이다. 이것이 바로 무술인부터 할리우드 스턴트맨에 이르기까지 많은 사람이 일부러 더 천천히 호흡하는 것의 중요성을 아는 이유다. 숨을 더 천천히, 더 깊이 들이쉼으로써 호흡이 변하는 과정을 되돌리고 호흡이 다시 매끄러워지게 하는 것이 중요하다(하지만 공황 발작이나 다른 유형의 호흡 문제에 시달린다면 우선적으로 병원을 찾아야 한다).

그러나 필자는 수년 동안 기공 체조부터 요가에 이르기까지 여러 종류의 동양 체조가 직장에서의 스트레스를 낮추는 데 큰 도움이 되는 것을 경험했다("나는 긴장을 푼 채 숨을 편안하게 쉬고 있다"라고 되뇌는). 자율 훈련법부터 하버드대학교의 허버트 벤슨 교수의 방법(모든 생각을 머릿속에서 지우는 데 도움이 되도록 '하나'라는 단어를 계속 반복하는 방법)에 이르기까지 다양한 서양 체조도 도움이 되었다.

아울러 우리가 숨을 내쉬기 전까지는 숨을 들이쉴 수 없다는 말도 들어 본 적이 있다. 따라서 필자는 숨을 10초 동안 내쉬고 나서야 폐에 산소가 자연스럽게 채워진다는 사실을 반직관적으로 알아냈다.

Q2. "호흡을 조절하면 인생을 조절할 수 있다"라는 말이 있다. 호흡법을 개선한다면 당신의 인생이 잠재적으로 어떻게 달라질까?

3. E + R = O

이 'E + R = O'라는 공식은 딱히 새로운 것은 아니다. 그런데도 많은 사람이 아직까지 공식에 담긴 지혜를 대단히 가치 있게 평가한다. 이 공식은 사건 + 반응 = 결과Event + Response = Outcome를 뜻한다. 우리가 인생을 살면서 맞닥뜨리는 여러 가지 '사건'에 항상 변화를 주진 못하더라도 사건에 대한 우리의 '반응'을 바꾸면 그것이 곧 전체적인 '결과'에 영향을 미칠 수 있다는 것이다.

예를 들면, 1541년에 스위스에서는 스위스의 금세공인과 제네바의 보석 세공사에게 큰 스트레스를 안겨준 사건이 있었다. 프로테스탄트 종교 개혁자 장 칼뱅이 보석의 착용을 금지하는 법을 통과시킨 것이다. 이 사건은 세공인들의 통제 범위 밖에 있었고, 법을 바꾸기 위해 그들이 할 수 있는 일은 아무것도 없었다.

하지만 이 사건에 대한 자신들의 반응은 바꿀 수 있었고, 그들은 실제로 그렇게 했다. 세공인들은 비즈니스의 귀재답게 새로운 법에 저촉되지 않으면서도 이 문제를 해결하기로 결심했다. 그리고 보석 대신 시계를 만들기 시작했다.

1601년에 그들은 세계 최초로 시계제조상인협회를 설립했다. 그들의 이런 노력이 없었더라면 오늘날 롤렉스, 파텍 필립, 오메가, 태그호이어와 같은 유명한 시계 메이커가 존재하지 않았을 것이다. 스위스는 전 세계적으로 시계를 팔아 매년 220억 달러 이상의 수익을 창출한다.

비즈니스의 귀재가 되기 위한 다음 단계

요약하자면 다음의 방법을 통해 스트레스 관리 능력을 키울 수 있다.

❶ 뇌의 전원 스위치를 꺼둘 수 있는 구체적인 시간을 지정하라. 우리는 365일 24시간 내내 비즈니스가 이루어지는 정신없는 '주목 경제' 시대에 살고 있다. 따라서 일에서 완전히 벗어나 자신만의 시간을 마련하지 않으면 아무도 그런 시간을 대신 챙겨 주지 않을 것이고, 곧 에너지가 소진되고 말 것이다.

❷ 스트레스의 여러 가지 증상 중 당신이 어떤 것에 해당되는지 생각해보라. 자기 인식의 개선이 행복의 증진을 위한 첫 단계인 경우가 많기 때문이다.

❸ 당신의 상황을 바꾸는 데 도움이 되도록 자기 대화의 힘을 활용하라. 인지 행동 요법과 다른 여러 심리학에 의하면 우리가 어떻게 생각하는지가 스트레스 지수를 낮출 수도, 높일 수도 있다.

❹ 호흡법을 개선할 수 있도록 계획을 세워라. 요가, 기공 체조, 명상 등에 시간과 노력을 투자하라. 다만 건강에 문제가 있는 경우 주의를 요한다.

❺ 당신의 통제 범위 '안에' 있는 문제에 집중하라. E + R = O라는 공식의 원리가 보여주듯이 우리가 인생을 살면서 맞닥뜨리는 사건을 늘 통제하지는 못하더라도 그에 대한 반응은 통제할 수 있는 경우가 많다. 이는 필연적으로 전체적인 결과에 영향을 미칠 것이다.

명인의 명언

스트레스를 물리치는 가장 훌륭한 무기는 한 가지 생각 대신 다른 생각을 하기로 선택할 수 있는 능력이다.

–윌리엄 제임스(미국 철학자이자 심리학자)

시간 관리
능력을
키워라

비|즈니스의 귀재가 되는 길에 놓인 **다섯 번째 걸림돌**은 **시간 관리를 비생산적으로 하는 것이다.**

이런 현상에는 여러 가지 다양한 이유가 있지만 가장 흔한 이유 두 가지는 바로 다음과 같다.

❶ 우리는 우리가 모든 것을 할 수 있다고 착각한다.
❷ 우리는 시간 관리가 시간에 관한 것이라고 착각한다.

시간 관리는 사실 심리, 즉 우리의 개인적인 가치(우리에게 가장 중요한 것)와 일을 미루는 버릇(아픔을 뒤로 미루려는 욕구)에 관한 것이다. 또한 필요 이상으로 까다롭게 구는 습관(완벽주의)부터 지나치게 공상적인 태도(초점을 잃는 것)에 이르기까지 다른 여러 가지 심리적 문제에 관한 것이기도 하다.

시간 관리 능력을 키우려면 업무 보고서를 더 간결하게 쓰라고 지시하거나 회의를 서서 하거나 4D(지금 할 일, 나중에 할 일, 포기해야 할 일, 위임해야 할 일을 나누는 것. Do now, Do later, Drop, Delegate의 약자)를 실천하는 것 이상의 노력이 필요하다는 사실을 인정해야 한다.

늘 일을 너무 많이 해서 늘 압도당하는 기분을 느끼는 사람을 본 적이 있는가? 아니면 시작한 일이 거의 다 끝나갈 무렵 마무리를 짓는 대신 마지막 순간에 나아갈 방향을 계속 바꾸는 사람을 본 적이 있는가?

1960년대에 교류 분석이라는 심리 치료법을 개발한 에릭 번 박사에 의하면 이런 현상이 전적으로 우연에 의한 것이 아닐지도 모른다. 이는 '늘' 또는 '거의'가 키워드인 '개인적인 각본'에 따른 행동이기 때문이다.

이유는 이렇다. 번은 사람들이 자기 이해에 분명하게 반하는 행동을 왜 자꾸 하는 것인지 궁금했다. 예를 들면, 왜 어떤 사람은 스트레스가 심한 직종에서 똑같이 스트레스가 심한 직종으로 옮기는 것일까? 이는 이치에 맞지 않았다. 하지만 번은 이런 행동을 '각본'의 관점에서 보면 말이 된다는 사실을 깨달았다.

번은 우리가 태어날 때부터 일곱 살 정도가 될 때까지 '패턴'을 형성한다고 설명했다. 이는 우리 자신, 다른 사람들, 우리가 살고 있는 세상을 이해하는 데 도움이 된다. 번은 이를 '인생 각본'이라고 부르는데 누구에게나 이런 패턴이 있다.

하지만 다행스럽게도 인생은 우리의 결정에 따라 달라지며, 자기 인식이 충분할 경우 우리의 각본을 바꾸고 더 나은 각본을 쓸 수 있는 힘이 생긴다. 그러나 이런 자기 인식이 없다면 친숙해진 낡은 패턴에 쉽게 갇혀버릴 수 있다. 만일 자신이 못마땅해 혀를 쯧쯧 차게된다면 당신이 각본대로 일을 했을 가능성이 크다. 혀를 찼다는 것은 자신이 전형적인 행동을 했다는 뜻이며, 이는 곧 예전에도 이런 일을 해본 경험이 있다는 뜻이다.

필자가 이런 말을 하는 이유는 시간 관리의 관점에서, 겉으로 봤을 때는 여러 가지 일에 압도당한 사람이 일을 너무 많이 해서 그런 느낌이 드는 것이라고 가정하기 쉽다. 하지만 각본 이론에 따르면 상황이 정반대일지도 모른다. 그 사람이 그렇게 많은 일을 하는 이유는 압도당하는 기분을 '또 한 번' 느끼고 싶어서일지도 모른다는 것이다.

이론은 이쯤 해두고 실전으로 넘어가보자. 생산적인 시간 관리의 열쇠는 심리학자 마이클 알트슐러의 다음과 같은 명언을 기억하는 것이다. "나쁜 소식은 시간이 쏜살 같이 흘러간다는 것이고, 좋은 소식은 당신이 시간을 조종하는 사람이라는 것이다."

따라서 우리에게 매일 주어지는 8만 6천400초, 즉 매주 주어지는 168시간을 어떻게 사용하기로 결정하는지가 시간에 관해 가장 중요한 것이다. 우리에게는 다음의 네 가지 선택권이 있다.

❶ 위급한 시간 – 즉각적인 가치
❷ 풍요로워지는 시간 – 남은 가치
❸ 갇힌 시간 – 피상적인 가치
❹ 공허한 시간 – 무가치

비즈니스의 귀재가 위의 네 가지 카테고리 중 어느 것에 시간의 대부분을 할애하는지 쉽게 짐작할 수 있을 것이다. 물론 급박한 마감일을 맞춰야 하는 상황(위급한 시간)이나 어쩔 수 없이 회의에 참석했

더니 아무 성과도 없었던 상황(갇힌 시간)도 생길 것이다. 하지만 비즈니스의 귀재는 자신의 시간을 조종하는 데 매우 뛰어나다.

빌 게이츠는 소파에 앉아 아무 생각 없이 TV나 보면서(공허한 시간) 청소년 시절을 보냈을 수도 있다. 하지만 그는 사업을 시작하기로 결심했고(풍요로워지는 시간), 20대를 통틀어 단 하루도 일을 쉬지 않았다!

그렇다고 해서 시간을 이렇게 극단적으로 쓰라는 말은 아니다. 오히려 그 반대다. 풍요로워지는 시간은 사랑하는 사람들과 소중한 시간을 보내는 것 또는 (코비가 '레크리에이션'이라고 부르는) 노력 끝에 얻은 휴식 시간을 즐기는 것을 뜻할 수도 있다. 필자가 하고 싶은 말은 비즈니스의 귀재는 단순히 바쁜 것과 효과적으로 바쁜 것의 차이를 이해하고, 활동과 성과가 똑같은 것이 아니라는 사실을 잘 안다는 것이다. 가장 중요한 것은 생산적인 시간 관리며, 투자한 노력 대비 얻는 것이 많은 활동을 우선적으로 처리해야 한다.

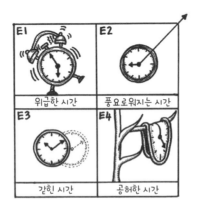

논란의 여지가 있을지 모르겠지만 역사상 시간 관리를 가장 잘한 비즈니스의 귀재는 스티븐 코비다. 그는 『스티븐 코비의 7가지 습관』과 『소중한 것을 먼저 하라』의 저자다. 1989년에 코비의 획기적인 아이디어가 출판되기 전까지 시간 관리에 관한 책은 많지 않았다. 그나마 있는 책도 '시계'에 집착하는 것처럼 보였다. 그러나 코비와 그의 동료들이 시간 관리 분야에 뛰어들었을 때는 '나침반'에 초점을 맞추는 매우 다른 방식으로 시간에 접근했다. 이는 다음과 같이 설명할 수 있다.

코비는 효율성에 관한 세미나에서 테이블에 크고 투명한 화병을 올려놓았다. 그는 화병을 큰 돌로 채우고는 "이 화병이 가득 찼다고 생각하십니까?"라고 물었다. 그러면 청중은 대체로 "네!"라고 대답했다. 코비는 그 말을 듣고는 테이블 아래에 준비해둔 자갈을 꺼내 똑같은 화병에 쏟아 넣었다. "화병이 이제 가득 찼다고 생각하십니까?"라고 물었더니 청중은 또 "네!"라고 대답했다. 하지만 그는 화병에 모래도 넣었고 마지막에는 물도 넣었다.

코비는 세미나가 끝나갈 무렵 청중에게 이렇게 물었다. "그래서 시간이 무엇에 관한 것이라고 생각하십니까?" 그러면 청중은 이런 식으로 대답했다. "일상생활에서 일을 얼마나 하든지 항상 더 많은 일을 끼워 넣을 수 있

스티븐 코비
(1932~2012)

습니다." 하지만 코비는 고개를 저었다. "아닙니다! 시간은 그것에 관한 것이 결코 아닙니다. 화병에 큰 돌을 먼저 넣지 않으면 나중에 어떻게 넣을 수 있겠습니까?"

이것이 바로 코비가 전하는 '나침반' 메시지의 핵심이다. 비즈니스의 귀재들은 이 메시지를 실천에 옮기는 데 아주 뛰어나다. 당신도 나침반을 진북에 맞추고 거기에 해당하는 일을 우선적으로 처리하라. 매일 벌어지는 '위급한 일의 폭압'에 시달리지 마라.

유용한 조언과 탈출 전략

아래에 시간 관리 기술의 질을 높이는 데 도움이 되는 세 가지 실용적인 조언과 전략을 소개한다.

1. 할 일을 줄여라

비즈니스의 귀재들이 한정된 시간 안에 얼마나 많은 것을 성취하는지 놀라울 따름이다. 『4시간』의 저자 티모시 페리스를 예로 들어보자. 그는 자신이 하는 사실상 모든 일을 위임하는 기발한 방법을 개발했다. 그 덕택에 페리스는 일은 훨씬 덜 하면서도 예전보다 돈은 훨씬 많이 벌고 있다.

유명한 아동 문학가 에니드 블라이튼은 어떤가? 그녀는 생전에 소설 186편, 캐릭터 소개 책 223권, 교육 서적 267권, 반응 서적 179권, 연속물 153권, 단편 소설 884편을 집필했다. 작품의 질에 대한 논의는 접어 두고 여기서 얻을 수 있는 교훈에 주목하자. 만일 블라이튼이 집필 이외의 다른 활동을 그만두지 않았더라면 이렇게 방대한 양의 글을 쓰지 못했을 것이다!

따라서 효율적인 시간 관리를 원한다면 당신이 잠재적으로 그만둘 수 있는 활동을 끊임없이 찾아야 한다. 시간 관리 전문가 얀 야스퍼는 이런 조언을 남겼다. "일부 활동에 'No!'를 외치는 것만이 당신이 진정으로 가치 있게 여기는 활동에 'Yes!'를 외칠 수 있는 유일한 방법이다."

이런 점을 염두에 두고 두 번째와 세 번째 조언은 잊어버리자. 이 조언만으로도 충분하다.

비즈니스의 귀재가 되기 위한 다음 단계

요약하자면 다음의 방법을 통해 시간 관리 능력을 키울 수 있다.

❶ 무엇이 현실적인 시간 관리고, 무엇이 비현실적인 시간 관리인지 살펴보자. 모든 것을 다 할 수는 없으며 그럴 필요도 없다.

❷ 시간 관리가 사실 심리에 관한 것이라는 점을 잊지 마라. 세련된 플래너를 새로 구입하면 시간 관리에 관한 문제가 저절로 해결될 것이라고 가정하기 쉽다. 하지만 '각본 이론'에 따르면 효율적인 시간 관리는 그 이상의 노력을 요한다.

❸ 시간의 네 가지 유형(위급한 시간, 풍요로워지는 시간, 갇힌 시간, 공허한 시간)을 기억하라. 코비가 제안한 것처럼 모든 활동은 중요도와 위급한 정도에 따라 네 개의 카테

고리로 분류할 수 있다. 그중 풍요로워지는 시간만이 우리를 더 높은 곳으로 이끌어줄 힘이 있다. 이것이 코비의 화병 실험에서 큰 돌에 해당하기 때문이다!

❹ 자신의 시간을 직접 '조종'할 수 있도록 계획을 세워라. 당신에게 매일 주어지는 8만 6천400초를 조종하지 않으면 그 시간이 역으로 당신을 조종할 확률이 높다.

❺ 그만둘 수 있는 활동을 찾아라. 얀 야스퍼의 주옥같은 조언을 잊지 마라. "일부 활동에 'No!'를 외치는 것만이 당신이 진정으로 가치 있게 여기는 활동에 'Yes!'를 외칠 수 있는 유일한 방법이다."

명인의 명언

시간은 활용하는 자를 위해 충분히 오래 멈춘다.

–레오나르도 다빈치

PART 2

다른
사람들과
잘 지내라

비즈니스는 사람에 관한 것이다.

-톰 피터스

영향력을
키 워 라

비즈니스의 귀재가 되는 길에 놓인 **여섯 번째 걸림돌**은 **영향력이 부족한 것이다.**

그렇다고 해서 일을 잘하기 위해 존 에프 케네디의 카리스마나 사람에게 최면을 거는 것 같은 라스푸틴의 능력이 필요하다는 것은 아니다. 그보다는 다른 사람들에게 영향력을 행사하는 능력이 매우 유용하고, 그런 능력 없이는 비즈니스의 세계에서 정상의 자리를 밟기 어렵다는 뜻이다.

그렇다면 비밀은 무엇일까? 이상하게 들릴지도 모르겠지만 다른 사람들이 우리가 원하는 일을 하게 만드는 것만이 효과적인 영향력의 전부가 아니라는 사실을 기억하는 것이다. 오히려 그 반대다.

1937년에 명저『인간관계론』을 집필한 데일 카네기는 다음과 같이 날카로운 말을 남겼다. "타인이 어떤 일을 하게 만드는 방법은 한 가지뿐이다. 그렇다. 방법은 한 가지밖에 없다. 그 사람이 그 일을 하고 싶게 만드는 것이다."

비즈니스의 귀재처럼 영향력을 발휘하고 싶다면 상황을 다른 사람들의 관점에서 먼저 볼 줄 알아야 한다. 그리고 나서야 그들이 상황을 우리의 관점에서 보길 기대할 수 있다. 다시 말해, 자기중심적인 사고를 고집하지 말고 자연스럽게 '흘러갈' 수 있도록 생각과 태도가 유연해져야 한다.

Influence(영향력)와 affluence(풍부함)의 어원도 바로 여기서 비롯된 것이다. 로마 시대에 'influere'라는 단어는 '흘러들다'라는 뜻으로 쓰였다. 따라서 우리가 다른 사람들에게 영향을 미치면 우리의 생각, 아이디어, 의견이 그들에게 흘러들며, 우리가 다른 사람들의 영향을 받으면 그들의 생각, 아이디어, 의견이 우리에게 흘러든다.

하지만 영향력이 부족한 사람들은 이런 흐름의 가치를 간과하는 경우가 많다! 그 결과 세뇌 및 정신 전문가 캐슬린 테일러가 지적하듯이 전전두엽 피질을 실수로 자극한다. 뇌의 이 영역은 누군가가 우리를 속이거나 이용하거나 우리가 나아가고 싶어 하지 않는 방향으로 끌고 간다고 느낄 때 우리가 하던 일을 멈추고 생각하도록 돕는다.

갑자기 어려운 용어가 등장해서 머릿속이 복잡할지도 모르겠지만 이는 중요한 문제다. 만일 직장에서 의견을 조금도 굽히려고 하지 않고 고집도 황소처럼 센 사람을 본 적이 있다면 그 사람에게는 이런 문제가 있는 것이다!

따라서 사람들에게 뛰어난 영향력을 발휘하고 싶다면 다른 사람들의 전전두엽 피질을 자극하는 대신 그 주위를 물 흐르듯 맴돌아야 한다. 이를 위해 도움이 될 만한 두 가지 조언을 제시한다.

❶ **라포르를 형성하라.** 당신이 영향을 미치고 싶어 하는 사람과 라포르를 형성하는 데 시간을 투자하라. 이때의 라포르란 조화로운

사회적 상호작용을 뜻한다. 다시 말해, 그 사람의 이야기를 적극적으로 경청하고 그 사람이 하는 말에 진정한 관심을 보여야 한다. 그 사람의 말과 보디랭귀지를 최대한 따라 하는 것도 중요하다(이때 앵무새처럼 상대방의 말을 그대로 반복하거나 마임 전문가 마르셀 마소처럼 과장된 동작을 해서는 안 된다). 당신이라면 당신과 같은 말을 써서 호감도 가고 신뢰도 생기는 사람과 그렇지 않은 사람 중에서 누구와 비즈니스를 하겠는가?

만일 라포르 형성의 미묘한 뉘앙스를 마스터하고 싶다면 신경 언어학 프로그래밍에 관한 책을 많이 읽길 권한다. 신경 언어학 프로그래밍은 이 분야에서 아주 뛰어난 효과를 보인다. 하지만 간단한 방법을 알고 싶을 뿐이라면 당신이 영향을 미치려는 사람이 머리 위에 "제가 중요한 사람인 것처럼 느끼게 해주세요!"라고 쓰인 푯말을 달았다고 상상해보라. 상대방이 이런 기분이 들도록 진심으로 돕는다면 나머지는 알아서 흘러갈 것이다.

❷ **열정을 불어넣어라.** 누군가를 가르치는 일은 현존하는 직업 중에서 가장 영향력이 큰 것 중 한 가지일 것이다. 하지만 위대한 가르침과 평범한 가르침은 어떻게 다를까? 위대한 가르침이란 지식이나 수십 년 동안 쌓은 경험을 전수하는 데서 그치지 않고 학생에게 열정을 불어넣는 것이다. 따라서 직장에서 영향력을 키우려고 노력할 때 이런 점을 염두에 두는 것이 좋다.

당신이 판매하는 것, 만드는 것, 또는 하는 일이 무엇이든 그것에 열정을 보여라. 그러면 다른 사람들에게 영향력을 발휘하는 일이 한결 수월해질 것이다. 롤링스톤스가 로큰롤에 그토록 열정을 보이지 않았더라면 음악계에 그토록 큰 영향력을 발휘할 수 있었을까? 스티븐 스필버그의 영화에 대한 열정이나 엔조 페라리(1898~1988)의 자동차 디자인 및 레이싱 카에 대한 열정 또한 마찬가지다.

재미있는 토막 정보

세계적으로 큰 영향력을 행사해온 비즈니스 귀재는 많다. J.P. 모건은 투자 은행 산업에, 윌리엄 셰익스피어는 연극과 문학에, 그리고 이고르 시코르스키는 헬리콥터의 발명에 지대한 영향을 미쳤다. 또한 라크슈미 미탈은 철강업에, 왕 지안린은 부동산업에, 그리고 자라의 창업주인 로잘리아 메라와 아만시오 오르테가는 하이 스트리트 패션에 큰 영향을 미쳤다.

그러나 월트 디즈니만큼 많은 사람에게 영향을 미친 비즈니스의 귀재는 드물다! 디즈니의 영향력은 마법 같은 애니메이션 영화(오스카상 22회 수상)나 혁신적인 놀이공원부터 컴퓨터 게임이나 대중문화에 이르기까지 다양하다. 디즈니의 전기 작가 닐 개블러가 "디즈니는 세상을 바꿨다"라고 쓴 것이 과언이 아니다.

하지만 월트 디즈니가 비평가들의 이야기를 듣고 그들이 자신의 꿈을 짓밟게 놓아뒀더라면 그의 천재성은 빛을 보지 못했을지도 모른다. 예를 들면, 1930년대에 '백설공주' 프로젝트를 반대했던 사람들은 이를 두고 "디즈니의 어리석음"이라고 평했다. 일반 영화와 상영 시간이 비슷한 애니메이션 영화를 제작하는 것은 말도 안 되는 행동이라고 생각했기 때문이다(당시에 이런 일을 시도해본 사람은 아무도 없었다). 그들은 밝은 색상 때문에 관중의 주의가 너무 산만해질 것을 우려했고, 어린이가 그렇게 오랫동안 집중하지 못할 것이라고 생각했다.

그러나 디즈니는 이런 사고방식의 영향을 받기를 거부했으며, 결국 수십억 달러짜리 엔터테인먼트 왕국을 건립하는 데 성공했다. 디즈니가 "저희가 한 가지 사실만큼은 잊지 않았으면 좋겠습니다. 이 모든 것이 생쥐 한 마리에게서 시작됐다는 것 말입니다"라고 말한 데는 다 이유가 있다. 그렇다. 미키 마우스가 그토록 막강한 영향력을 행사할 수 있다면 당신도 이에 버금가는 일을 할 수 있지 않을까?

유용한 조언과 탈출 전략

위의 내용을 바탕으로 영향력을 키우는 데 도움이 될 만한 세 가지 실용적인 조언과 전략을 소개한다.

1. 항상 이유를 대라

1970년대에 하버드대학교의 엘렌 랭거 교수는 사무실에서 복사기를 쓰기 위해 줄을 서 있는 직원들을 대상으로 실험을 실시했다(당시에는 복사기를 사용하려면 줄을 서야 했다!). 어느 배우가 줄의 맨 앞으로 달려가서 사람들에게 여러 가지 이유를 대는 식으로 실험이 진행되었다. 그가 "실례합니다. 다섯 페이지밖에 안 되는데 복사기를 먼저 쓸 수 있을까요?"라고 물었을 때는 성공 확률이 60퍼센트였다. 하지만 똑같은 질문을 던지고 나서 "제가 워낙 급해서요"라고 덧붙였더니 성공 확률이 94퍼센트로 올라갔다.

그러나 랭거는 배우가 "실례합니다만 다섯 페이지밖에 안 돼서요. 복사를 해야 해서 그러는데 복사기 좀 먼저 쓸 수 있을까요?"라고 말한 다음에 핵심적인 연구 성과를 얻었다. 놀랍게도 이 말은 93퍼센트라는 높은 성공률을 보였다. "복사를 해야 해서" 복사기를 써야 하는 것이 당연한데도 말이다! 이를 바탕으로 랭거는 이유를 대는 것 자체가 큰 차이를 보일 뿐 이유의 내용은 별 상관이 없다는 결론을 내렸다. 누군가에게 영향을 미치고 싶다면 이런 점을 염두에 두라.

사람들이 이유를 묻기 전에 이유를 직접 대는 것이 좋다. 따라서 단순히 "시간을 3분만 내주실 수 있으십니까?"라고 묻는 대신 이유를 대면서 부탁하라. 항상 효과가 있는 것은 아니겠지만 성공 확률을 높일 수 있을 것이다. 대부분의 사람이 부탁을 들어주기 전에 그 이유를 알고 싶어 하기 때문이다.

2. 가는 것이 있으면 오는 것도 있다

영향력 전문가 로버트 찰디니는 사람들의 사고를 움직이는 "영향력의 무기"가 여섯 가지 있다고 강조했다. 예를 들면 판매원은 희소성이라는 무기를 자주 이용한다. 고객에게 그 상품이 매장에 남아 있는 마지막 상품이라는 사실을 알려 다른 사람이 그것을 집어 가기 전에 먼저 집게 하려는 전략을 이용한다.

스포츠 마케팅 전문가들은 호감이라는 무기에 의지하는 경우가 많다. 그들은 유명한 스포츠 선수의 인기와 호감도를 바탕으로 특정한 브랜드의 후원을 받거나 팬들이 선수와 똑같은 선글라스나 축구화를 착용하도록 유혹한다.

그러나 가장 널리 쓰이는 무기 중 한 가지는 호혜의 원칙이다. 다시 말해, 가는 것이 있으면 오는 것도 있다. 바에서 다른 사람에게 술을 사주면 그 사람이 당신에게도 술을 한 잔 사주는 일을 얼마나 자주 봤는가? 직장에서 동료를 도왔을 때도 그 직원이 보답으로 당신을 도울 가능성이 크다. 물론 이런 전략이 항상 효과가 있는 것은 아니다. 비정상적으로 이기적인 사람도 있기 때문이다. 그래도 이런 방법을 꾸준히 사용하여 어떤 결과를 얻을 수 있는지 살펴보길 권한다.

사실 호혜의 원칙은 태곳적부터 전해 내려온 비즈니스 방식이다. 영국 해군을 예로 들어보자. 1800년대에 선원들은 "네가 내 등을 긁어주면 나도 네 등을 긁어줄게"라는 말을 주고받았다. 당시에는 해군에게 엄격한 규율이 부과되어 선원들이 작은 실수를 저질렀더라도 채찍질을 당할 수 있었다(이때 사용되던 채찍은 '고양이의 꼬리 아홉 개'라는 이름으로 불렸으며, 마치 고양이가 할퀸 것 같은 자국을 남기는 것으로 악명 높았다). 기나긴 여정에서 다른 사람의 등에 채찍질을 하라는 명령을 받는데, 자신도 언젠가 실수를 저질러 같은 처지에 놓일 가능성이 컸다. 그래서 선원들은 곧 호혜의 원칙을 따르는 것이 현명하다는 결론에 이르렀다. "내가 채찍질을 살살 할 테니 너도 살살 해줘"라고 서로 약속한 것이다.

3. 상대에 따라 미끼를 바꿔라

우리는 영향력과 동기가 밀접한 관련이 있다는 사실을 기억해야 한다. 다시 말해, 동기부여가 안 된 사람(예: 희망이나 욕구가 없는 사람)을 상대로 영향력을 발휘하는 것은 어려울 가능성이 크다.

따라서 누군가에게 영향을 미치고 싶다면 그 사람에게 동기를 부여하는 것이 무엇인지 미리 알아보는 편이 좋다. 그 사람이 돈을 원한다면 돈을 미끼로 사용하고, 인정받길 원한다면 그것을 미끼로 사용하라. 만일 그 사람이 자신이 원하는 활동에 시간을 더 많이 쓰고 싶어 한다면 그렇게 할 수 있는 기회를 제공하라.

이런 전략을 사용하는 것은 사람을 조종하는 것처럼 느껴질 수 있다. 하지만 이는 상대방을 조종하기보다는 그 사람과 교감하는 것에 더 가깝다(또는 설득 전문가 제임스 보그의 표현을 빌자면 "마음으로 듣는" 방법이다). 메시지 전략가 크리스 세인트 힐레르는 이를 "상대방의 현실을 이해하는 것"이라고 표현하기도 했다.

전 영국 총리 데이비드 로이드 조지(1916~1922)의 말처럼 "물고기의 종류에 따라 다른 미끼를 써야 한다."

비즈니스의 귀재가 되기 위한 다음 단계

요약하자면 다음의 방법을 통해 영향력을 키울 수 있다.

❶ 상대방과 라포르를 형성하는 것이 비즈니스에 어떤 차이를 불러오는지 살펴보라. 비즈니스를 할 때는 말을 잘하는 것보다 남의 말을 잘 듣는 것이 더 중요하다. 따라서 다른 사람들의 세계에 들어가는 데 먼저 초점을 맞추고 나서 그들이 당신의 세계에 들어오기를 기대해야 한다.

❷ 다른 사람들이 원하는 것을 줄 수 있는 더 똑똑한 방법을 연구하라. 그렇다고 해서 뇌물을 건네라는 뜻은 아니다. 호혜의 원칙은 다른 사람에게 영향력을 발휘할 때 매우 강력한 무기가 될 수 있다. 브렌트와 덴트가 『영향력을 발휘하려는 리더를 위한 가이드The Leader's Guide to Influence』에서 분명하게 밝히듯, 동료들이 어려움에 처했을 때 당신이 도와줄 것이라는 사실을 그들이 안다면 동료들이 당신을 위해서도 똑같은 일을 해줄 가능성이 크기 때문이다.

❸ 일에 열정을 불어넣어라. 페라리의 사례에서 봤듯이 비즈니스 상품, 서비스, 아이디어를 판매하는 사람의 열정은 전염되는 경우가 많다. 게다가 자신을 상대로 영향력을 발휘할 수 없다면 어떻게 다른 사람에게 영향을 미칠 수 있겠는가?

❹ "물고기의 종류에 따라 다른 미끼를 쓰기"위해 계획을 세워라. 효과적인 영향력에 관한 한 마법 같은 공식이나 모든 사람에게 사용할 수 있는 단 하나의 해결책은 없다. 비밀은 접근법을 유연하게 적용하고 다른 사람들이 가장 원하는 것에 초점을 맞추는 것이다.

❺ 항상 이유를 대라. 그러면 사람들의 전전두엽 피질을 자극하지 않고 그 주위를 맴돌 수 있을 것이다. 단순히 "이 보고서를 목요일 오후까지 끝내 주시겠습니까?"라고 부탁하는 대신 그 말 뒤에 "제가 고위 관리 팀원 분들에게 금요일 아침 일찍 보여 드리겠다고 약속했거든요"라고 덧붙여라. 이 편이 훨씬 설득력 있다.

명인의 명언

오늘날 성공적인 리더십의 열쇠는
권위가 아니라 영향력이다.

−켄 블랜차드(미국 저자이자 경영 전문가)

긍 정 적 인
영 향 력 을
발 휘 하 라

비|즈니스의 귀재가 되는 길에 놓인 **일곱 번째 걸림돌은 부정적인 영향력이다. 사람들이 부정적인 영향력을 발휘하는 이유는 주로 두** 가지다.

❶ **충격을 충분히 주지 못했다.** 사람들에게 너무 부드러운 인상을 남긴 나머지 시선을 끌지 못했거나 사람들의 기억에 남지 못한 것이다.

❷ **충격을 너무 많이 줬다.** 사람들에게 강한 인상을 남겨 시선도 끌고 사람들의 기억에 남기도 했지만 그 이유가 좋지 않았던 것이다.

긍정적인 영향력이란 바람직한 균형을 유지하여 사람들에게 강한 인상을 남기되 지나치게 강한 인상을 주는 일은 피하는 것이다. 그러나 안타깝게도 이는 까다로운 경우가 많다. 우리가 다른 사람들의 눈에 어떻게 비치는지 알기가 쉽지 않기 때문이다.

예를 들어, 비즈니스 회의 중에 우리는 세부사항을 정확하게 짚고 넘어 간다고 생각하더라도 다른 사람들은 우리가 트집을 잡는다고 생각할 수 있다. 우리가 조용히 집중하고 있을 때도 다른 사람들은 우리가 냉담해 보인다고 생각할지 모른다. 우리가 사람들을 사로잡는 환한 미소를 보인다고 생각할 때도 막상 다른 사람들은 우리의 이에 낀 시금치 때문에 역겨울지도 모른다.

이와 마찬가지로 우리는 특정한 일이 어느 정도의 영향을 미칠 수 있는지 알기 어렵다. 항공업계를 예로 들어보자. 최근의 연구 결과에 따르면 항공 보안의 가장 큰 위협은 테러리즘이나 기계적인 오류가 아니라 조종사의 피로다. 조종사가 잠을 잘 자지 못하면 집중력이 흐트러져 의사 결정에 지대한 영향을 미칠 우려가 있다.

일본의 웨하스 초콜릿 바 킷캣^{KitKat}의 영향력을 생각해보라. 일본에서 킷캣이라는 이름이 놀라운 상업적인 성공을 거둔 것은 순전히 우연이었다('킷캣'은 18세기 잉글랜드에서 킷캣 클럽이 모이던 파이 가게의 주인 크리스토퍼 캐틀링^{Christopher Catling}의 이름을 땄다). 킷캣은 일본어의 kitto katsu 와 발음이 매우 비슷한데 이는 "당신은 반드시 성공할 것입니다"라는 뜻이다. 그 결과 수백만 명의 일본인이 킷캣 초콜릿 바를 간식으로뿐만 아니라 선물로도 많이 구입한다.

따라서 긍정적인 영향력을 발휘하고 싶다면 "작은 일이 얼마나 큰 차이를 만들 수 있는지" 기억하라. 이는 영향력 있는 저자 말콤 글래드웰이 베스트셀러 『티핑 포인트』에서 주장한 내용이다.

글래드웰은 "작은 일" 중 한 가지로 1960년대에 비즈니스의 귀재 조앤 간즈 쿠니가 "돌파구가 될 수 있는 단 하나의 통찰력"을 활용하여 전 세계적으로 문맹률을 낮추는 데 지대한 영향을 미친 사례를 제시했다. TV 프로듀서인 쿠니는 "어린이들의 관심을 놓치지 않을 수 있다면 그들을 교육시킬 수 있다"라고 생각했다. 그녀가 만든 천재적인 TV 프로그램 '세사미 스트리트'는 이런 생각의 산 증거가 되었다!

일을 할 때 긍정적인 영향력을 발휘하기 위해서는 큰일뿐만 아니라 작은 일에도 신경 써야 한다는 사실을 명심하라. 누군가와 처음 악수하는 방법부터 누군가와 눈을 맞추는 방법까지 다양한 세부사항에 신경 써야 한다.

필자는 어린 신입사원이 중요한 문서에 '6월 31일'이라고 썼다는 이유로 큰 은행에서 해고당했다는 이야기를 들은 적이 있다. 6월이 30일까지밖에 없는 것이 당연한데도 이 작은 실수 때문에 주요 고객중 한 명 앞에서 은행의 신뢰도가 떨어진 것이다.

그러나 더 긍정적인 관점에서 다음의 사실에 대해 생각해볼 필요가있다. 당신이 비즈니스를 하면서 할 수 있는 가장 영향력 있는 행동 중 한 가지는 상대방이 잘한 일에 진심으로 고맙다고 말하는 것이다. 연구에 따르면 긍정적인 피드백과 부정적인 피드백의 비율이 3:1인 기업이 칭찬이나 인정은 받기 어렵고 비판과 흠잡기가 일상인 기업보다 성과가 월등히 뛰어났다.

말콤 글래드웰

따라서 영향력에 관한 한 우리가 생각하는 것처럼 직장이 냉정하고 인정사정없는 곳일 필요는 없다는 사실을 염두에 두라. 글래드웰이 말하는 것처럼 "적당한 곳에 약간의 힘만 가하면 티핑 포인트를 넘길 수 있다."

재미있는 토막 정보

에드윈 드레이크라는 이름을 들어본 사람은 드물 것이다. 1859년 8월 28일 일요일이 왜 역사적으로 의미 있는 날 중 하나인지 아는 사람도 드물 것이다. 그러나 그날 드레이크가 촉발한 일련의 사건은 실로 경이롭다. 그렇다면 대체 드레이크가 어떤 일을 했을까? 그는 천재적인 사고로 석유를 찾을 수 있는 새로운 방법을 생각해냈다.

『석유의 시대A Century in Oil: The 'Shell' Transport and Trading Company 1897-1997』의 저자 스티븐 하워스에 따르면 드레이크가 기발한 아이디어를 내기 전까지 사람들은 석유를 추출하는 최고의 방법은 갱을 파거나 "개울의 수면 위로 자연스럽게 흐르는 석유를 떠내는 것"이라고 '가정'했다.

다시 말해 석유를 빨리, 쉽게 또는 "상업적으로 판매할 수 있을 만큼의 양으로" 얻지 못한다는 인식이 팽배해 있었다. 당시에 사람들은 석유는 적은 양만 매우 느리게 얻을 수 있다고 생각한 것이다. 마치 나무에서 수액이 흘러내리기를 인내심 있게 기다리는 것처럼 말이다.

드레이크는 철도 일을 그만두고 석유를 추출하는 일을 해보면 어떨까 하는 생각이 들었다. 그래서 위에서 언급한 1859년의 어느 날, 펜실베이니아 주에서 곧 무너질 것 같은 유정탑을 이용하여 땅을 21미터 팠다. 놀랍게도 그곳에는 석유가 있었고, 드레이크는 석유를 추출하는 데서 그치지 않고 석유 업계 전체를 부양하기도 했다. 석유 업계는 현재 지구상에서 그 어느 산업보다도 많은 사람이 일하고 있는 분야다!

그뿐만이 아니다. 만일 하워스의 말처럼 우리가 석유를 "모든 것을 가능하게 하는 위대한 물질"로 여긴다면 드레이크가 제시한 혁신적인 아이디어의 영향을 받지 않은 비즈니스를 찾아보기 어렵다. 항공기, 기차, 자동차부터 컴퓨터, 원피스, 스키, 안경, 기타 줄, 골프공, 크레파스, 볼펜, 데오드란트, 축구공, 카메라, 페인트, 심지어 아스피린에 이르기까지 석유는 무려 6천 가지 이상의 물건에 쓰인다!

유용한 조언과 탈출 전략

아래에 긍정적인 영향력을 발휘하는 데 도움이 될 만한 세 가지 실용적인 조언과 전략을 소개한다.

1. 항상 시작을 잘하라

영향력 훈련 강좌에서 들을 수 있는 가장 상투적인 문구 중 한 가지는 바로 이것이다. "첫인상을 남길 수 있는 두 번째 기회는 결코 주어지지 않는다." 안타깝게도 심리학자들이 '초두 효과'라고 부르는 이런 전략적인 통찰력은 사실이다!

따라서 당신이 잠재적인 투자자 앞에서 상품이나 서비스를 빠르고 간단하게 설명해야 하는 경영자든, 새로운 팀원들에게 인사를 해야 하는 관리자든, 연례 회의에서 직원들의 사기를 진작시키는 기조연설을 앞둔 리더든 시작이 훌륭하도록 힘써야 한다.

이는 첫인상이 나비 효과가 있는 경우가 많기 때문이다. '나비 효과'는 매사추세츠 공과대학교의 에드워드 로렌즈가 처음 발견한 현상이다. 이는 나비가 날개를 파닥이는 것처럼 작은 행동이 결국 지구 반대편에서 해일처럼 큰 현상으로 이어지는 파급 효과가 있다는 개념이다.

그렇다고 해서 극단적으로 클레오파트라처럼 화려하게 등장해야 할 필요는 없다(그녀는 마크 안토니를 처음 만났을 때 그의 발밑에 둔 돌돌 말린 카펫 안에서 등장한 것으로 유명하다). (비커스, 배니스터, 스미스의 말처럼) 좋은 인상을 이용하여 성공으로 향하고 싶다면 셰익스피어가 남긴 "끝이 좋으면 다 좋다"라는 말이 반 정도만 사실이라는 점을 기억해야 한다.

2. 눈으로 들어라

당신이 다른 사람들에게 행사하는 영향력을 가늠하는 가장 효과적인 방법 중 한 가지는 눈으로 듣는 것이다. 다시 말해, 사람들이 하는 말을 듣는 데서 그치지 말고 그들의 행동도 눈여겨보라.

예를 들어, 비즈니스 프레젠테이션을 할 때 청중이 던지는 비언어적인 신호에 주목하라. 만일 하품하는 사람이 있으면 그 사람이 비행기를 오래 타서 피곤한 것일지도 모른다. 하지만 모두가 하품을 한다면 당장 접근법을 바꿔야 한다! 프레젠테이션 기술 전문가들은 이를 "커튼을 매달다"라고 표현한다. 프레젠테이션이 사람들의 기억에 더 오래 남길 바란다면 이 기술이 반드시 필요하다.

이때 당신이 해야 할 일은 어떤 식으로든 패턴을 깨는 것이다! (사람들의 졸음을 조금이나 쫓을 수 있도록) 가볍게 박수를 쳐서 요점을 강조하거나 (다치는 사람이 없도록 조심하면서) 소품을 공중에 던져라. 아니면 청중이 옆 사람과 논의할 수 있는 질문을 던지는 방법도 있다. 한마디로 무엇인가 변화를 줘야 한다. 연단의 다른 쪽으로 걸어가는 것과 같은 작은 변화도 도움이 될 수 있다.

아울러 일이 끝나갈 때도 눈으로 들어야 한다는 사실을 잊지 마라. 영향력에 관한 한 일을 통해 당신이 무엇을 얻느냐보다 어떤 인상을 남기고 가느냐가 더 중요하기 때문이다.

3. 자신의 '브랜드'를 강화하라

좋든 싫든 우리는 누구나 하나의 '브랜드'다. 우리가 입는 옷부터 하는 말에 이르기까지 우리는 오레오 쿠키 한 팩, 나이키 운동화, 빨간색 두카티 오토바이의 인간 버전이나 다름없다.

예를 들면, 윈스턴 처칠의 중절모는 그의 이미지에서 빠질 수 없는 요소였다(나비넥타이와 여송연도 마찬가지였다). 가수 싸이 역시 '강남 스타일' 뮤직비디오에서 대단히 독특하고 인상적인 춤을 선보인 덕택에 그 곡은 유투브 역사상 인기가 가장 많은 곡이 되었다(2014년 5월에 그 뮤직비디오를 본 사람이 20억 명이 넘었다!). 생각해보면 중세 시대의 기사들도 문장(紋章)이 달린 덧옷을 갑옷 위에 입었다. 그렇지 않으면 다들 투구를 쓴 탓에 전쟁터에서 누가 누구인지 구분할 수 없었다.

이런 관점에서 당신의 퍼스널 브랜드가 당신이 원하는 만큼 영향력이 있는지 끊임없이 자문해야 한다. 만일 그렇지 않다면 어떻게 해야 그만큼의 영향력이 생길 것인지 고민해보라.

천재적인 자기계발 전문가 짐 론은 비즈니스에서 실질적인 발전을 꾀하고 싶다면 "일 자체보다 자기 점검을 더 열심히 해야 한다"라고 언급했다. 『초우량 기업의 조건』의 저자 톰 피터스 역시 "(현대 사회에서) 직업 안정성을 추구하는 유일한 방법은 당신이 반드시 오늘보다 내일 더 가치 있는 사람이 되도록 하는 것이다"라고 주장했다. 따라서 자신만의 브랜드를 계속 계발하고 필요한 경우 자신을 위한 새로운 브랜드를 만들어 능력 있는 핵심 인물로서 두드러지도록 해야 한다.

퍼스널 브랜딩에 관해 논할 때, 성공적인 브랜드는 신뢰에 바탕을 두고 있다는 사실을 기억하라. BMW사의 영업 및 마케팅 부장인 이언 로버트슨은 최근에 어느 TV 인터뷰에서 이런 말을 했다. "브랜드란 무엇입니까? 브랜드는 본질적으로 약속입니다. 혁신에 대한 약속, 뛰어난 디자인에 대한 약속, 안전에 대한 약속인 것이죠." 따라서 어떤 비즈니스 분야에서 일하든 최대한 진실한 모습을 보여라. 망가진 브랜드를 구제하는 것은 거의 불가능하다. 사람들이 그 브랜드를 더 이상 신뢰하지 않을 것이기 때문이다.

아래에 긍정적인 영향력을 발휘하는 데 도움이 될 만한 마지막 네 번째 (보너스) 조언을 소개한다.

4. 신경 쓰는 일을 줄여라

케프너 트레고와 같은 경영 컨설팅 회사는 이런 말을 자주 한다. "효과적인 행동을 위해서는 명확한 사고가 선행되어야 한다."

따라서 비즈니스의 귀재답게 긍정적인 영향력을 발휘하고 싶다면 생각을 집중시킬 줄 알아야 한다. 그렇지 않으면 비즈니스에서 강렬한 인상을 남기기란 사실상 불가능하다. 『영향력의 공식The impact equation』의 저자 크리스 브로건과 줄리엔 스미스가 묻듯이 "당신은 일이 일어나도록 돕는가? 아니면 소리만 요란하게 낼 뿐인가?" 생각해봐야 한다.

생산성 전문가 데이비드 알렌이 『끝도 없는 일 깔끔하게 해치우기』에서 제시한 조언도 참고하길 바란다. "머릿속에 이것저것 복잡하게 담아 두지 말고 생각을 정리하라." 다시 말해, (폴더와 목록을 이용하여) 당신의 머릿속에 있는 생각과 없는 생각을 체계적으로 정리하게 도와 줄 수 있는 믿을 만한 시스템을 구축하라. 그러면 비즈니스 귀재이자 일리노이 주의 농부였던 조지프 글리든이 1874년에 발명한 가시철사처럼 생각과 생각 사이의 경계를 더 분명하게 그을 수 있다.

너무 당연한 말처럼 들리겠지만 비즈니스에서의 영향력을 강화하기 위해서는 머리를 비울 수 있는 능력이 필수적이다! 글리든은 날카로운 사고를 통해 결국 미국에서 가장 부유한 사람 중 한 명이 되었다.

비즈니스의 귀재가 되기 위한 다음 단계

요약하자면 다음의 방법을 통해 긍정적인 영향력을 발휘할 수 있다.

❶ 당신이 사람들에게 강한 인상을 남기되 지나치게 강한 인상은 주지 않도록 너무 큰 충격이 끝나고 너무 적은 충격이 시작되는 지점이 어디인지 살펴보라.

❷ 작은 일이 큰 영향력을 발휘하는 경우가 잦다는 사실을 명심하라. 앞서 일본에서의 킷캣, 쿠니와 '세사미 스트리트', 에드윈 드레이크와 기름을 추출하는 기발한 방법에 대해 살펴본 것을 잊지 마라.

❸ 시작을 훌륭하게 하는 것의 힘을 기억하라. 우리 모두 알다시피 첫인상을 남길 수 있는 두 번째 기회는 결코 주어지지 않는다.

❹ 좋은 이유로 사람들의 눈에 띄고 기억에 남도록 당신의 퍼스널 브랜드를 강화할 수 있는 계획을 세워라.

❺ 명확하게 사고하라. 그래야만 머릿속이 잡다한 생각으로 복잡해지지 않고 생각이 정리될 수 있다. 단순히 소리만 요란하게 내지 말고 실제로 일이 일어나도록 노력하라.

명인의 명언

당신이 행사할 수 있는 영향력의 한계는 당신이 보여주는 상상력의 범위와 일에 전념하는 정도뿐이다.

－토니 로빈스(미국 라이프 코치, 자기계발 저자, 동기부여 강연자)

자기주장을
강하게
펼쳐라

비즈니스의 귀재가 되는 길에 놓인 **여덟 번째 걸림돌**은 **자기주장을 어색하게 펼치는 것이다.**

그러나 이런 어색함은 어쩌면 당연한 것일지도 모른다. 자기주장을 자신 있게 펼치는 특성을 타고나는 사람은 없기 때문이다. 오히려 그 반대다.

만일 잘 놀고 있는 어린아이에게서 장난감을 빼앗으면 어떤 일이 벌어질 것이라고 생각하는가? 아이는 다음의 행동 중 한 가지를 할 것이다.

▶ 울음을 터뜨린다. (수동적)

▶ 떼를 쓴다. (공격적)

▶ 간절한 눈으로 당신을 올려다본다. (남을 조종함)

▶ 당신에게 아무 말도 하지 않지만 당신이 다른 곳을 보고 있을 때 장난감을 슬쩍 가져간다. (수동적 공격성)

요지는 아이가 다음과 같은 말을 할 가능성은 적다는 것이다.

"죄송한데요, 장난감을 그런 식으로 가져가셨을 때 전 슬프고 화가 났어요. 잘 갖고 놀고 있었거든요. 그러니까 장난감을 당장 돌려주시면 감사하겠습니다. 그리고 앞으로는 제 장난감을 빌리고 싶으시면 이 문제를 사전에 합리적으로, 차분하게 논의했으면 좋겠어요. 그러면 저희 모두에게 득이 되는 결과를 향해 나아갈 수 있을 것 같아요. 저희가 어떤 방법으로 이런 목적을 위해 함께 일할 수 있을까요?"

그 이유는 무엇일까? 자기주장을 강하게 펼치는 것은 사회성 기술이기 때문이다. 이는 곧 우리가 배워야 할 기술이라는 뜻이기도 하다. 하지만 문제가 있다. 우리가 이런 기술을 대체 누구에게서 배워야 하는가? 부모? 교사? 친구? (인간관계에 관한 문제가 가득한 회사가 그토록 많은 데는 다 이유가 있다!)

판도라의 상자는 일단 굳게 닫아 두고 자기주장을 강하게 펼치는 데 도움이 될 만한 세 가지 핵심 사항을 살펴보자.

포인트 1 무엇을?

자기주장을 강하게 펼친다는 것은 무엇을 뜻할까? 『자기주장의 기술』의 저자 수 비숍에 따르면 이는 권리에 관한 것이다. 다시 말해, "타인의 권리를 침해하지 않는 선에서 자신의 권리를 옹호하는 행동"이다.

예를 들면, (영화 '로럴과 하디'의 스탠 로럴과 같은) 수동적인 사람은 자신의 권리를 무시하기 일쑤다. 반면 (영화 '대부'의 소니 코를레오네와 같은) 공격적인 사람은 남의 권리를 무시하기 일쑤다. 하지만 (수년 동안 정치 토론 프로그램인 'Question Time'을 수완 좋게 진행한 BBC의 데이비드 딤블비와 같이) 자기주장이 확실한 사람은 자신의 권리와 타인의 권리 모두 옹호할 줄 안다.

포인트 2 언제?

비즈니스를 하면서 자기주장을 강하게 펼쳐야 할 때는 언제일까? 간단한 대답은 '항상은 아니지만 자주'다! 비즈니스를 하다 보면 조금 더 공격적인 태도를 취해야 할 때(특히 매출을 공격적으로 올리거나 비즈니스 저자 하비 맥케이가 말하듯이 잡아먹히지 않으면서 "상어들과 헤엄치고 싶을" 때)도 있다. 반대로 조금 더 수동적인 편이 나을 때(특히 "알겠습니다, 셰프!"라고 말해야 하는 환경에서 일할 때. 이때는 자기주장을 확실하게 하는 것이 반란으로 여겨지며 잠재적으로 커리어에 해가 될 우려가 있다)도 있다.

수 비숍이 자기주장을 확실하게 밝히는 것은 "항상 '선택'할 수 있는 태도다"라고 언급한 점도 염두에 두라. '제리 맥과이어'에서 톰 크루즈가 솔직 담백한 모습을 보였지만 모두가 그의 솔직함을 반긴 것은 아니었다는 점을 잊지 마라!

포인트 3 어떻게?

어떻게 해야 자기주장을 가장 확실하게 펼칠 수 있을까? 이 문제는 잠시 후에 자세히 살펴보겠지만 근본적인 비결은 위에 소개한 가상의 아이처럼 말을 길게 늘어놓는 것이다. 그렇다. 자기주장을 강하게 펼치고 싶다면 사실상 '가장 긴' 방법을 선택해야 한다. 만일 공격적인 모습을 보이고 싶다면 하고 싶은 말을 두세 마디로 하면 된다. "집어 치워!" 또는 "지옥에나 가버려!"라고 말하는 식이다. 반대로 수동적인 모습을 보이고 싶을 때는 아무 말도 하지 않으면 된

다(조용히 고개만 끄덕여 화자의 말에 동의를 표하라). 하지만 자기주장을 강하게 펼치려면 시간이 많이 걸리는 경우가 대부분이다.

▶ 첫째로, 그녀는 일하는 엄마들의 권리를 옹호하는 데 주저하지 않았다. 그녀는 아이를 키우는 여성도 천재적인 능력을 발휘하여 생활비를 직접 버는 일이 충분히 가능하다는 것을 몸소 보여주었다.

▶ 둘째로, 그녀는 동물의 권리를 옹호하는 데도 주저하지 않았다. 이런 취지에서 그녀는 동물 실험을 거치지 않은 제품만을 판매하기로 선택했다.

▶ 셋째로, 1991년에 출간된 그녀의 자서전 『신체와 영혼^{Body and Soul}』에서 볼 수 있듯이 그녀는 모든 '윤리적인 경영자'의 권리를 옹호하는 데도 주저하지 않았다. 그녀는 "원칙을 지키면서 이익을 얻다"라는 아이디어를 위해 투쟁했으며, 다음과 같이 자기주장을 확실하게 펼쳤다. "우리는 당신이 영혼을 팔지 않고도 성공할 수 있다는 사실을 보여주는 증거다. 당신 역시 우리처럼 이익을 얻으면서도 사회적인 변화를 이끄는 원동력이 될 수 있다."

아래에 자기주장을 더 강하게 펼치는 데 도움이 될 만한 세 가지 실용적인 조언과 전략을 소개한다.

1. 항상 'ISA'를 활용하라

ISA는 캐시 버치가 『자기주장 단호하게 펼치기Asserting Your Self: How to feel confident about getting more from life 』에서 추천한 간단한 3단계 과정이다. 이는 Identify(밝히다), State(명시하다), Ask(요구하다)의 약자이며, 다음과 같은 과정을 거친다.

▶ 우선 만족스럽지 않은 타인의 특정한 행동이 무엇인지 밝힌다. 이 단계는 당신이 개인적인 의견을 배제하는 데 도움이 될 것이다.

▶ 둘째로, 그런 행동이 당신에게 어떤 영향을 미쳤는지 또는 미치고 있는지 명시한다. 이 단계는 당신이 진실에 대한 여러 가지 논쟁을 피하는 데 도움이 될 것이다. 당신의 관점에서 당신에게 보이는 대로 상황을 묘사할 것이기 때문이다.

▶ 셋째로, 당신이 가장 원하는 변화를 요구한다. 분명한 방향을 제시하면 다른 사람들이 당신이 어떤 일을 다르게 하길 원하는지 알기가 훨씬 쉬워진다.

기본적으로는 이런 과정이며, 다음과 같이 적용하면 된다.

▶ Identify: "당신이 지난주 목요일 오후 2시 30분에 시작한 회의에 늦으셨을 때."

▶ State: "저는 실망했습니다. 당신이 새로운 프로젝트를 팀원들에게 소개해 주기를 바랐거든요."

▶ Ask: "앞으로는 늦을 것 같으면 미리 연락을 주시면 감사하겠습니다. 그래야 차선책을 세울 수 있으니까요."

ISA는 피드백을 받길 부담스러워하는 사람의 업무 평가를 해야 하는 경영자에게도 매우 유용할 수 있다. 대화를 상대와 대립할 필요가 없는 체계적인 방식으로 이끌 수 있기 때문이다.

2. 적정선을 유지하라

스웨덴어에는 'lagom'이라는 멋진 단어가 있다. 이는 너무 많지도 않고 너무 적지도 않다는 뜻이다. 이 단어는 여러 가지 면에서 자기주장을 확실하게 펼치는 태도를 잘 표현한다. 이런 태도를 위해서는 모든 말과 행동을 적절하게 유지하는 것이 중요하기 때문이다. 이때 합리적, 객관적, 중립적인 어른스러운 모습으로 감정은 완전히 배제해야 한다.

따라서 'lagom'이라는 말처럼 목소리가 너무 크지도 않고 너무 작지도 않아야 한다. 심리학에서 말하는 것과 같이 고개를 똑바로 들어야 하기도 한다. 공격적인 사람은 머리를 앞으로 들이밀고, 남을 조종하려는 사람은 고개를 옆으로 갸웃거리기 때문이다.

좀 독특한 조언을 제공하는 전문가도 본 적이 있다. 눈썹이 일자가 되도록 하라는 것이다. 이상하게 들릴지 몰라도 생각해보면 우리는 화가 났을 때 눈썹이 치켜 올라가 V자가 되고, 수동적인 태도를 보일 때는 눈썹이 활이나 무지개처럼 동그랗게 휜다.

3. 권력 싸움은 잊어라

상대적으로 자기주장을 강하게 펼치기 쉬운 경우가 있다. 대화 주제에 대해 잘 알거나 놀랍도록 접근하기 쉬운 사람들을 상대하는 상황이 여기에 해당한다. 법을 등에 엎은 덕택에 애매한 영역이 없는 상황도 있을 수 있다. 환경 위생 감시관이 하는 일이 여기에 해당한다. 감시관은 음식점 주인이 구체적인 기준을 따르지 않으면 그 음식점의 문을 즉시 닫을 수 있는 권한이 있다.

하지만 이와 반대로 자기주장을 펼치기 어려운 경우도 있다. 위협적이거나 예측하기 어려운 사람을 상대하고 있거나 물 밖으로 나온 고기처럼 어울리지 않는 환경에 처한 경우다. 또는 안 좋은 소식을 전달해야 하거나 당신이 너무 친절한 나머지 누군가의 부탁을 거절하길 꺼릴 수도 있다.

당신이 어떤 상황에 놓였든 간에 (다니엘 골먼이 1995년에 출간한 명저 『EQ 감성지능』에서 언급하듯이) "감정적인 영역에 통달하고" 싶다면 매우 어려운 상황에서도 중심을 잃지 않는 당신만의 전략을 세우는 것이 좋다.

그런 의미에서 항상 네팔 민족인 구르카족에 대해 생각하길 바란다. 좀 이상하게 들릴지도 모르겠지만 상황을 머릿속에 미리 그려보는 행동(심리학자들은 이를 시각적 운동행동 예행연습이라고 부른다)은 긴장되는 상황에서 적절하게 강력한 모습을 보이고 싶을 때 도움이 될 수 있다.

최고의 비즈니스 리더들이 영국을 비롯한 여러 국가에서 구르카족 출신의 군인들을 보안 요원으로 선발하는 일이 점점 많아지고 있다. 왜 그런 것일까? 네팔의 가파른 언덕에서 쿠크리 칼을 휘두르는 이 군인들이 갈등 상황을 감당하는 데 탁월한 능력을 보이기 때문이다. 그들은 나이트클럽에서 입구를 지키는 사람처럼 공격적이거나 수동적인 모습을 보이지 않는다. 또한 다른 사람을 조종하려고 하지도 않으면서도 자기주장을 확실하게 펼칠 줄 안다.

다시 말해, 구르카족 군인들은 극심한 압력 속에서 강한 모습을 유지하면서도 자신들의 권리를 옹호하는 능력이 있다. 구르카족 출신의 노련한 보안 요원인 딜리 구룽은 최근에 필자에게 이런 모습이 그들의 솔직함, 규율, 자부심 덕택이라고 말했다. "저희 구르카족은 저희의 명성을 자랑스럽게 기억하고 존중합니다. 그런 명성은 저희가 일을 더 강하고 효과적으로 할 수 있도록 큰 교훈을 안겨 줍니다."

따라서 어떤 분야에서 일을 하든 자신을 소중히 여기고 당신이 하

는 일을 소중히 여겨라. 이에 관해 캐시 버치는 이런 말을 남겼다. "자기주장을 강하게 펼치는 것은 자아 존중감에서 출발한다. 우리가 우리 자신을 소중히 여기면 권력 싸움 같은 것은 필요 없다."

내용을 요약하기에 앞서 아래에 추가적인 통찰력을 몇 가지 더 제시한다.

▶ 소극적인 사람은 온순하다거나 순한 사람은 화를 절대로 내지 않는다고 착각하지 마라. 소극적인 사람이 속으로 매우 화가 났더라도 겉으로 드러나지 않는 경우도 많다.

▶ 공격적인 사람이 영화 '악마는 프라다를 입는다'에 나오는 괴물 같은 상사처럼 항상 시뻘건 얼굴로 소리를 지르고 잘못된 것을 지적한다고 생각하지 마라. 공격성은 다양한 형태와 형식으로 나타날 수 있다. 침묵으로 일관하거나 얼음 같이 차가운 눈빛으로 공격성을 표출하는 사람도 있다. 로베르타 카바는 『어려운 사람 상대하기Dealing with Difficult People』에서 '가십'부터 '빈정대는 태도'에 이르기까지, 그리고 심지어 눈을 굴리는 동작도 직장에서 나타나는 공격성의 간접적인 형태라고 밝혔다.

비즈니스의 귀재가 되기 위한 다음 단계

요약하자면 다음의 방법을 통해 자기주장을 확실하게 펼칠 수 있다.

❶ 직장에서 당신과 다른 사람들에게 어떤 권리가 있는지 알아보라. 그래야 무엇이

용인될 수 있는 행동이고 무엇이 아닌지 분명하게 알 수 있다.

❷ 자기주장을 확실하게 펼치는 것에 해당하지 '않는' 행동이 무엇인지 알아보라. 수동성, 공격성, 남을 조종하려는 태도와 비교하여 이를 더 분명하게 알수록 실천에 옮기기가 더 쉬울 것이다.

❸ ISA의 힘을 기억하라. 만족스럽지 않은 문제의 행동을 밝히고, 그 행동이 당신과 당신의 팀원들에게 미치는 영향을 명시하고, 당신이 앞으로 가장 보고 싶은 변화를 요구하라. 그러면 로봇처럼 딱딱하고 길게 말하게 될지도 모르겠지만 말을 잘하면 도움이 될 수 있다.

❹ 구르카족처럼 생각할 수 있도록 계획을 세워라. 그래야 옹졸한 권력 싸움을 피하고 자아의식을 개발할 수 있다.

❺ 적정선을 유지하라. 당신의 말과 행동이 지나치거나 모자라지 않도록 신경 써야 한다. 심지어 눈썹도 일자로 유지하는 것이 좋다!

마지막으로 자기주장을 지나치게 강하게 드러내면 커리어에 지장이 있을 우려가 있다는 사실을 명심하라. 상황에 따라 현명하게 판단하길 바란다.

명사의 명언

용기는 예상하지 못한 곳에서 찾을 수 있다.

-J.R.R 톨킨 (영국 작가, 시인, 언어학자, 대학 교수)

의 사 소 통
능 력 을
키 워 라

비즈니스의 귀재가 되는 길에 놓인 **아홉 번째 걸림돌은 의사소통에 서투른 것이다.**

사람들은 효과적인 의사소통이란 정보가 발신자에게서 수신자에게로 전달되는 것이라고 생각하지만 이는 사실이 아니다.

효과적인 의사소통이란 샌디 맨 박사가 『심리학이 일할 때Psychology Goes to Work』에서 언급하듯이 수신자가 '이해할 수 있는' 메시지를 발신자가 전달하는 것이다.

두 가지 정의가 비슷한 것은 사실이다. 하지만 다음과 같은 차이가 있다.

의사소통에 뛰어나지 않은 사람은 대담하게 자신이 하고 싶은 말을 광고한다. 자신이 상대하는 사람이 어떤 유형인지는 상관하지 않는다. 그런 사람은 비즈니스를 하면서 "똑같은 이야기를 몇 번이나 해야 하는 거지?" 또는 "사람들이 말을 못 알아들어!"라고 중얼거리는 경우가 많을 것이다.

반면 의사소통의 귀재는 메시지를 끊임없이 조정하여 목표로 삼는 청중에게 최대한 큰 반향을 불러일으키게 한다. 뱅크아메리카드를 예로 들어보자. 1960년대와 1970년대 초에 이 미국 신용카드 회사는 회사 이름이 미국 내에서 완벽하게 통한다는 사실을 깨달았다. 하지만 다른 국가에서는 상황이 달랐다.

그래서 1977년에 회사 창립자 디 호크는 천재적인 새로운 이름을 생각해냈다. 바로 '비자'였다. 그는 왜 그런 이름을 선택했을까? 비자는 전 세계적으로 다양한 언어권과 국가에서 사람들이 이해할 수 있는 단어인 데다가 보편적인 수용을 상징하는 말이기도 하기 때문이다.

런던 및 북동부 철도^{LNER} 역시 1923년에 이런 비즈니스의 귀재다운 면모를 보였다. 이 철도 회사는 당시에 창립된 지 얼마 되지 않아 대중에게 자사를 홍보할 수 있는 똑똑한 방법을 모색하고 있었다. 핵심 경쟁사인 그레이트 웨스턴이 대중의 관심으로부터 멀어지게 하고 싶은 마음도 있었다.

그래서 어떻게 했을까? 작가 앤드루 로든에 의하면 LNER은 기차 한 대에 새로운 이름을 붙이기로 결정했다. 1472번 열차는 사실 시간표상의 한 칸에 불과했으나 그 과정에서 철도 회사는 '더 플라잉 스코츠맨'이라는 전설을 탄생시켰다.

이 이름은 스피드와 자유를 상징했고 "사람들에게 반향을 불러일으키는 좋은 이름"이라는 평을 들었다. LNER은 비즈니스의 귀재다운 의사소통 능력을 통해 (킹스 크로스에서 에든버러로 가는) 아침 10시에 출발하는 평범한 열차를 살아 있는 금속 덩어리로 탈바꿈시킬 수 있었다.

따라서 누군가와 얼굴을 맞대고 대화를 하든, 이메일을 주고받든,

학회에서 강연을 하든 당신이 말하는 내용도 물론 중요하지만 그 말을 하는 방식이 더 중요한 경우도 많다는 사실을 기억하라. 증거를 원한다면 비즈니스에 관해 책을 쓴 사람들을 살펴보는 것이 좋은 출발점이 될 수 있다.

2005년에 더브너와 레빗은 지루한 경제학 교과서를 집필할 수도 있었다. 하지만 그랬더라면 책이 서점에서 불티나게 팔리지 않았을 것이다. 그래서 그들은 심오한 경제적 통찰력을 접근하기 쉬운 방식으로 제시하길 택했다. 대중적인 독자들의 호기심을 자아내고 싶었기 때문이다. 결과는 어땠을까? 그 책은 다름 아닌 전 세계적으로 베스트셀러에 오른 『괴짜경제학』이다.

경제학에 관한 책이 서점에 넘치듯이 보디랭귀지에 관한 책도 사정은 비슷하다. 그런데 2012년에 보디랭귀지를 다룬 책이 또 한 권 출간되었을 때 독자들이 앞다퉈 구입한 경우가 있었다. 『거짓말의 심리학』은 네 명의 전직 CIA 요원이 집필한 똑똑한 책인 데다가 제목도 기억하기 쉬웠기 때문이다.

독자들에게 반응이 좋은 책 제목은 스티븐 실비거의 『10일 만에 끝내는 MBA』부터 짐 콜린스의 『좋은 기업을 넘어 위대한 기업으로』까지 다양하다. 따라서 다음번에 청중과 의사소통을 통해 교감하고 싶다면 결국 "당신이 판매하는 것이 아니라 그들이 구입하는 것"이 중요하다는 사실을 염두에 두라.

재미있는 토막 정보

논란의 여지가 있을지도 모르겠지만 광고 회사 오길비 앤드 매더의 두 창립자 중 한 명인 데이비드 오길비는 20세기 최고의 의사소통의 귀재 중 한 명이었다. 1960년대에 그의 추진력과 재능 덕택에 오길비 앤드 매더는 슈웹스부터 쉘에 이르기까지 19개 기업을 고객으로 모실 수 있었다. 그 기업들은 수익이 영국 정부의 수익을 초과할 정도로 큰 성공을 거두었다!

오길비의 성공에는 "사람들을 따분하게 해서는 그들의 지갑을 열 수 없다"라는 관점이 자리하고 있었다. 오길비가 자서전 『나는 광고로 세상을 움직였다』에서 언급했듯이 "광고는 말로 하는 비즈니스다." 그는 말을 이용하여 고객의 요구대로 해당 광고가 "다른 광고를 뛰어넘어 청중의 귀에 들리게" 해야 했다.

데이비드 오길비(1911-1999)

그의 가장 유명한 광고 중 일부('해서웨이 셔츠를 입은 남자'에 등장하는 안대를 한 신사)는 현 세대에게 아무런 의미가 없다. 하지만 '기네스의 굴 길잡이'의 경우를 살펴보면 광고에 사실을 담아야 한다는 오길비의 광고 철학("더 많이 들려줄수록 더 많이 팔 수 있다")이 얼마나 강력한 힘이 있었는지 알 수 있다.

오길비가 롤스로이스를 위해 제작한 광고 카피 역시 설득력 있는 의사소통의 힘을 보여준 수작이다. "시속 96킬로미터로 달리는 이 신형 롤스로이스 안에서 가장 크게 들리는 소리는 시계 소리다."

유용한 조언과 탈출 전략

아래에 의사소통 능력을 키우는 데 도움이 될 만한 세 가지 실용적인 조언과 전략을 소개한다.

1. 청중의 특성을 파악하라

심리 측정 연구에 따르면 사람마다 선호하는 의사소통 방식이 다르다. 이런 점을 염두에 두고 필자가 개발한 READ 구분법을 소개하려고 한다. 이 구분법은 MBTI 성격 유형부터 HBDI 심리 검사법에 이르기까지, 그리고 SDI부터 심리학자 메릴과 리드의 사회적 양식 모델에 이르기까지 다양한 심리 측정 연구의 핵심을 추출하고 여러 가지 요소를 합해 완성했다. 이는 당신이 누구와 교감하고 싶든 간에 그 사람과 더 효과적으로 의사소통하는 데 도움이 될 것이다.

구분법에는 다음과 같은 원리가 이용되었다. 인간은 심리학적인 테

두리 안에 가두기에는 너무 복잡한 존재다. 하지만 사람들의 마음을 더 쉽게 읽기 위해 박스 네 개에 모든 사람을 유형별로 집어넣어야 한다면 아마도 다음과 같이 분류할 수 있을 것이다.

R: 결과 지향적인 사람들 이 사람들은 말 그대로 주로 결과에 관심이 있다. 달콤하거나 장황하기만 한 말에는 관심이 없다. 이들은 추진력이 매우 강하고 인내심이 부족한 경우가 많으며, 당신이 요점으로 바로 넘어가기를 원한다. (알렉스 퍼거슨 경, 고든 램지, 자서전『눈에 보이는 대로다!What You See is What You Get!』를 출간한 앨런 슈거 경 등을 떠올리면 이해가 빠를 것이다.)

R 유형의 사람들과 소통하기 위해서는 세부사항을 늘어놓아 그들을 지루하게 해서는 안 된다. 중요 항목과 짧고 분명한 한 페이지짜리 요약문을 준비하라. 최고의 전략은 결과에 대해 이야기하는 것이다!

E: 감정 지향적인 사람들　이 사람들은 주로 감정에 관심이 있으며, 배려심이 많다. (메릴과 리드가 '상냥한' 유형이라고 부르는) 이들은 당신이 어떻게 지내는지, 그리고 그동안 무엇을 했는지에 실제로 관심이 있다. 영화배우 조안나 럼리나 '프렌즈'의 데이비드 쉼머를 떠올려라. 수익뿐만 아니라 윤리에도 신경 쓰는 다양한 사회적 기업가들을 떠올려도 좋다.

E 유형의 사람들과 소통하기 위해서는 그들이 어떻게 느끼는지에 진정으로 관심을 보여라. 만일 그들이 직장에서 힘든 변화를 겪고 있다면 당신이 도와주고 지지해줄 의향이 있다는 사실을 보여줘라.

A: 아브라카다브라 지향적인 사람들　이 사람들은 주로 비즈니스의 마법과 활기에 관심이 있다. 이들은 자리에서 일어나 흥미진진한 프레젠테이션을 하거나 브레인스토밍 중에 아이디어를 내는 데 뛰어난 경우가 많다. 조너선 로스, 에디 머피, 토니 블레어, 루비 왁스 등을 떠올려라.

A 유형의 사람들과 소통하기 위해서는 메시지를 흥미롭고 생생하게 전달하고 그들의 의견을 존중하라.

D: 데이터 지향적인 사람들　이 사람들은 주로 데이터에 관심이 있다. 다시 말해, 이들은 데이터에서 마음의 위안을 얻으며, 너무 애매하거나 부정확한 정보를 좋아하지 않는다. 따라서 세부사항을 좋아하는 셜록 홈즈, '스타트렉'의 스폭이나 과학자, 학자, 회계사, IT 전

문가들을 떠올리면 된다.

D 유형의 사람들과 소통하기 위해서는 철저해야 한다. 연구, 사실, 도표가 완벽하게 정확한지 다시 한 번 확인해라.

이 구분법이 사람들의 특성을 지나치게 단순화한 면은 있다. 특히 대부분의 사람이 네 가지 유형을 모두 혼합한 존재이기 때문이다. 하지만 사람들의 대표적인 특성이 READ와 어느 정도 일치한다고 생각한다.

예를 들어, 필자의 첫 책인 이 책이 출간되었을 때 필자는 READ 구분법을 실감 있게 이해할 수 있었다. E인 사람은 필자에게 "수고했어요. 큰일을 하셨습니다. 아버님께서 대단히 자랑스러워하셨을 겁니다!"라고 말했을 것이고, A인 사람은 "와! 밝은 노란색 표지가 아주 멋지네요!"라고 말했을 것이다. 한편 D인 사람은 "책 속을 한번 들여다봐도 될까요?"라고 물었을 것이고, R인 사람은 곧바로 "책이 많이 팔리고 있습니까?" 또는 "책의 홍보를 위해서 어떤 일을 하고 계십니까?"라고 물을 것이다.

따라서 READ 구분법을 이용하여 전달하려는 메시지를 적절하게 조절하길 바란다. 만일 여러 사람 앞에서 프레젠테이션을 할 예정이라면 사람들의 네 가지 특성을 모두 고려하는 것이 좋다. 메시지가 명확하고 간결하면 R에게 어필할 수 있고, 창의적이고 흥미진진하면 A에게 어필할 수 있다. 또한 추가적인 정보를 많이 제공하면

D에게 어필할 수 있으며, E는 다행히도 당신이 무엇을 하든 당신과 프레젠테이션을 둘 다 좋아할 것이다.

마지막으로 덧붙이자면 당신이 READ 중 어느 유형에 해당하든 옳은 유형이나 나쁜 유형이 없다는 사실을 명심하라. 모든 유형이 직장에서의 장단점이 있으며, 그런 특성이 어느 정도 나타나는지가 관건인 경우가 많다.

▶ 예를 들면, R은 단도직입적으로 말하는 데 뛰어나다. 하지만 지나치게 직설적일 때도 있다.
▶ E는 상당히 친절하다. 하지만 때로는 너무 친절한 나머지 다른 사람들에게 이용당할 우려가 있다.
▶ A는 대단히 창의적이다. 하지만 이로 인해 혼란에 빠질 우려가 있다.
▶ D는 세부사항을 다루는 데 능하다. 하지만 세부사항에 지나치게 신경 쓴 나머지 청중이 지루하게 여길 파워포인트 자료를 준비하거나 다른 사람의 말에 까다롭게 트집을 잡을 우려가 있다.

일단 자세한 사항은 이 정도면 충분하다. 필자가 위의 이야기를 늘어놓은 유일한 목적은 필요한 경우 당신의 의사소통 방식을 유연하게 바꾸는 것이 얼마나 중요한지 강조하는 것이었다.

2. 항상 혜택이 무엇인지 밝혀라
비즈니스의 황금률 중 한 가지는 사람들이 대체로 상품이나 서비스의 '특징'이 아닌 '혜택'을 산다는 것이다. 다시 말해, 소비자들은 블랙 앤드 데커 드릴 그 자체에 관심이 많은 것이 아니라 그 드릴로 뚫을 수 있는 구멍에 더 관심이 있다는 것이다. 이와 마찬가지로 소비자들이 테플론 프라이팬을 살 때는 프라이팬의 과학적인 원리에는 별 관심이 없다. 그들은 요리할 때 테플론 프라이팬을 이용하면 음식을 태우지 않을 수 있다는 사실에 더 관심을 보일 것이다.

비즈니스의 귀재 로버트 루이스 스티븐슨의 말처럼 "우리는 모두 무엇인가를 팔아서 살아가는" 만큼 당신이 판매하는 상품이나 서비스의 특성을 혜택으로 즉시 바꿀 수 있는 비결을 소개한다. 바로 맥도널드와 레퍼드가 『서비스를 판매하는 방법How to Sell a Service』에서 추천하는 간단한 표현인 "이게 무슨 뜻이냐면"이다.

이 표현은 이런 식으로 사용하면 된다. 단순히 "이 스웨터는 아래쪽 중간에 지퍼가 있습니다"라고 말하는 대신 이렇게 말하는 편이 낫다. "이 스웨터는 아래쪽 중간에 지퍼가 있습니다. 이게 무슨 뜻이냐면 더워진 순간 머리 위로 벗을 필요 없이 빠르고 쉽게 벗을 수 있다는 겁니다."

3. 메시지를 더 분명하게 하라

필자는 몇 년 전에 마케팅 학회에서 혁신에 대한 강연을 하기 위해 베를린에 간 적이 있었다. 그때 다른 연사의 강연을 들을 기회가 있었는데 필자는 항상 그의 메시지를 귀담아 듣는 편이었다.

그는 관객석에 앉아 있는 다양한 사람들에게 초록색, 파란색, 빨간색, 노란색 공을 나눠 주고는 이렇게 말했다. "제가 '던지세요!'라고 말하면 공을 한꺼번에 저한테 던져 주시겠습니까? 그러면 제가 잡아 볼게요." 그는 당연히 공을 모두 잡지 못했다. 개수가 너무 많았기 때문이다. 게다가 새로 날아오는 공을 잡으려고 하면 이미 잡은 공을 놓치기 일쑤였다.

그러나 관객 중 한 명에게만 공을 주고 나서 던져 달라고 부탁했을 때는 공을 쉽게 잡을 수 있었다. 그가 하려는 말은 무엇이었을까? 사람들은 한 번에 너무 많은 양의 정보나 메시지를 감당하지 못한다는 것이다. 따라서 당신이 전달하려는 메시지가 무엇이든 분명하고 간단하게 말해야 효과를 볼 수 있다.

비즈니스의 귀재가 되기 위한 다음 단계

요약하자면 다음의 방법을 통해 의사소통 능력을 키울 수 있다.

❶ 자신이 하고 싶은 말을 획일적으로 전달하는 것과 청중의 특성에 따라 메시지를 수정하는 것의 차이를 명확하게 밝혀라. 효과적인 의사소통이란 다른 사람들에게 하고 싶은 말을 일방적으로 전달하는 것이 아니라 청중이 메시지를 분명하게 이해하도록 배려하는 쌍방적인 교류에 더 가깝다.

❷ 비자카드, 더 플라잉 스코츠맨,『괴짜경제학』, 데이비드 오길비의 사례에서 봤듯이 의사소통의 귀재들이 메시지를 어떻게 재포장하는지 살펴보라. 그들이 전달하는 메시지의 내용뿐만 아니라 그것을 전달하는 방법도 중요하다.

❸ READ 구분법의 힘을 기억하라. 결과 지향적인 사람, 감정 지향적인 사람, 아브라카다브라 지향적인 사람, 데이터 지향적인 사람들과 더 효과적으로 소통하는 데 도움이 될 것이다.

❹ 의사소통을 더 분명하게 할 수 있도록 계획을 세워라. 필자가 베를린에서 들었던 강연에서 연사가 공을 하나만 받았던 일화를 떠올려라. 그러면 쓸데없이 정보의 바다에 빠져 허우적대는 일을 피하는 데 도움이 될 것이다.

❺ 당신이 판매하는 상품이나 서비스의 놀라운 '혜택'에 초점을 맞춰라. 사람들은 상품이나 서비스의 특성이 아닌 혜택을 구입한다. 따라서 항상 "이게 무슨 뜻이냐면"이라는 마법 같은 표현을 이용하여 특성을 혜택으로 즉시 전환하라.

명사의 명언

천재는 생각을 실천에 옮기는 능력이 있는 사람이다.

－스콧 피츠제럴드(『위대한 개츠비』의 저자)

협상 능력을
키 워 라

비즈니스의 귀재가 되는 길에 놓인 **열 번째 걸림돌**은 **협상을 순진하게 하는 것이다.**

이런 일이 벌어지는 이유는 크게 세 가지로 살펴볼 수 있다.

▶ 첫째로, 사람들은 자신이 실제보다 협상 능력이 훨씬 뛰어나다고 착각한다. 그래서 사전에 계획을 세우는 것이 훨씬 현명할 텐데도 즉석에서 협상에 대해 생각한다.

▶ 둘째로, 사람들은 금액과 기한 등 협상의 세부적인 사항으로 곧바로 돌입하는 것이 똑똑한 일이라고 잘못 생각한다. 그래서 상대방과 공통되는 기반을 먼저 다지는 것이 훨씬 현명할 텐데도 협상의 전 과정을 비인격화한다.

▶ 셋째로, 사람들은 협상을 진행하는 유일한 방법은 강경 자세를 취하는 것이라고 잘못 생각한다. 그래서 양측 모두에게 이로운 결과를 얻을 수 있도록 상대방과 힘을 합치는 것이 더 현명할 텐데도 협상을 승자와 패자가 있는 '전투'로 만들고 만다.

협상의 귀재가 되는 열쇠는 이와 반대되는 행동을 하는 것이다. 즉 계획을 세우고, 협상을 개인화하고, 상대방과 협력 관계를 구축할 방법을 찾는 것이다. 이런 일을 할 수 있는 방법은 잠시 후에 다루기로 하고, 우선 중요한 사실 한 가지를 짚고 넘어가자.

협상은 비즈니스의 일부가 아니다. 협상이 곧 비즈니스다.

그것이 바로 로마 시대에 'negotiari'라는 말이 '비즈니스'를 뜻했던 이유다. 시장은 '흥정을 통해 합의를 보고 거래를 하는' 곳이었다.

크게 성공한 변호사나 일에 전념하는 노동조합의 대표 또는 영향력이 막강한 로큰롤 매니저 톰 파커 대령과 같이 협상 능력을 타고난 것처럼 보이는 사람도 있다(파커는 1950년대에 엘비스 프레슬리를 스물두 살이라는 나이에 세상에서 돈을 가장 많이 버는 연예인으로 만들어준 계약을 성사한 인물이다).

이런 사람들을 떠올리면 당신은 협상하는 스타일이 아니라는 생각이 들지도 모른다. 하지만 협상은 우리 모두가 상당히 자주 하는 활동이다. 연기의 귀재 메릴 스트립은 가정을 꾸리는 것은 하나의 "큰 협상 과정"이라는 말을 했다.

일반적인 이야기는 이쯤 해두고 이제 협상 기술 자체에 초점을 맞춰 보자. 우리가 살펴볼 협상은 원칙에 입각한 것이라는 점을 염두에 두길 바란다. 이는 『진실하게 승리하기Winning With Integrity: Getting what you're worth without selling your soul』의 저자 레이 스타인버그가 말하는 "상대방과 대립하지 않는 협상"이다.

물론 일부 국가에서는 협상이 이런 식으로 전개될지도 모른다. "이 부분에 서명을 하지 않으시면 당신의 안전을 보장할 수 없습니다." 또는 "운영하고 계신 식당이 아주 근사하군요. 식당을 이 모습 이대로 간직하고 싶으실 것 같은데요?" 이런 유형의 협상은 여기서 다루지 않는다!

양측 모두가 만족할 만한 협상을 추구한다면 다음에 소개하는 놀랍도록 간단한 체계를 참고하길 바란다. 협상에 나서기 전에 아래의 네 가지 질문에 대한 대답을 미리 준비해 두면 된다.

❶ 어떤 것이 '환상적인' 결과일까?
이상적인 세계에서 당신이 이 협상을 통해 가장 얻고 싶은 것이 무엇인가?

❷ 어떤 것이 가장 '실현 가능한' 결과일까?
현실적으로 어떤 시나리오가 일어날 가능성이 가장 크다고 생각하는가?

❸ 어떤 것이 '기본적인' 결과일까?
최소한의 결과를 어느 정도까지 얻어도 괜찮을 것 같은가?

❹ 당신의 FOGG은 무엇인가?
이 질문은 좀 이상하게 들리겠지만 여기서의 포그는 쥘 베른이 1873년에 출간한 명저 『80일간의 세계일주』의 용감무쌍한 모험가 필리아스 포그를 뜻한다. 만일 당신의 기본적인 입장보다도 안 좋은 상황으로 이어질 협상을 체결하기 직전이라면 포그의 열기구에 준하는 탈출 방법 없이 그 상황에서 어떻게 벗어날 것인가?

『Yes를 이끌어내는 협상법』의 저자이자 하버드대학교의 협상 전문가인 로저 피셔와 윌리엄 유리는 네 번째 질문에 대한 내용을 "협상을 통해 도달한 합의에 대한 최선의 대안"이라고 부른다. 이는 시간을 버는 방법("이 문제는 최종 결정을 내리기 전에 상사와 논의를 해야 할 것 같습니다"라고 말한다)부터 협상을 포기하는 방법(특히 다른 비즈니스 기회를 이미 알아보기 시작했을 경우)까지 다양한 대안을 포함한다.

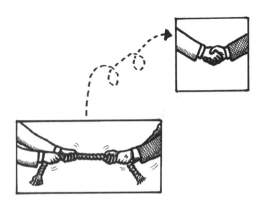

될 수 있고 매우 행복해질 수도 있습니다. 파트너들이 거래를 통해 이득을 얻도록 배려한다면 그들은 항상 돌아와서 당신과 비즈니스를 하고 싶어 할 겁니다. 그러면 비즈니스 기회가 부족한 날이 없을 거예요."

따라서 의사소통 능력을 키우고 싶다면 협상의 귀재가 되는 것에는 협상 파트너에게서 매번 "마지막 한 푼"을 쥐어짜는 일 이상의 작업이 수반된다는 점을 잊지 마라. 또한 스카라무치가 언급하듯이 자본에는 "현금, 주식, 부동산"만 있는 것이 아니라는 사실도 기억해야 한다. 인적 자본도 엄연히 자본에 포함된다. 장기적으로 성공하는 비즈니스의 귀재가 되기 위해서는 "협상을 통해 무엇을 얻든 우리의 행동 자체가 가치 있다"라는 것을 믿을 수 있어야 한다.

리자청

유용한 조언과 탈출 전략

아래에 협상 능력을 키우는 데 도움이 될 만한 세 가지 실용적인 조언과 전략을 소개한다.

1. 긍정적인 협상 장면을 머릿속에 그려라

필자는 수년 동안 고급 협상 능력 프로그램을 운영해왔다. 사람들에게 협상 장면이 어떤 모습일 것이라고 생각하느냐고 물으면 참으로 다양한 대답이 나온다.

필자가 예전에 그랬듯이 협상이 줄다리기라고 생각하는 사람도 있고, 체스 게임처럼 전략적인 지능 싸움이라고 생각하는 사람도 있다. 또는 블러핑과 이중 블러핑이 핵심인 포커와 같은 카드 게임이라는 의견도 있다. 협상이 두 사람이 추는 탱고와 같은 춤이나 공평한 경쟁의 장을 마련해야 하는 스포츠라는 답변도 있다.

필자가 하고 싶은 말은 우리가 협상을 어떻게 '보는지'가 우리의 협상 방법에 영향을 미치는 경우가 많다는 것이다. 따라서 이 분야에서 탁월한 능력을 보이고 싶다면 당신에게 겁을 주는 이미지가 아닌 도움이 될 수 있는 이미지를 선택하라.

협상 장면을 떠올릴 때 경쟁적인 모습 대신 다리나 무지개 또는 새로운 것을 발견하는 여정처럼 협력적인 모습을 생각하지 말라는 법이 있는가? 너무 감상적인 말처럼 들릴지도 모르겠지만 FBI 출신의 인질 협상 전문가 크리스 보스는 이런 말을 했다.

"협상은 사실 양측이 새로운 것을 발견하는 과정이다. 그것이 바로 매우 똑똑한 사람들이 협상가가 되길 어려워하는 이유 중 한 가지다. 자신이 너무 똑똑해서 새로 알아낼 것이 없다고 생각하기 때문이다."

2. 각각의 '웨인'을 기억하라

1930년대에 젊은 배우 매리언 모리슨의 이름이 존 웨인으로 바뀌었을 때 그는 왜 목소리를 내지 못했을까? 전설적인 카우보이가 된 웨인은 당시에 폭스사의 스튜디오에서 일하는 소품 보조에 불과했기 때문이다. 만일 그가 이름을 바꾸는 것에 불만을 표했더라면 영화감독 라울 월쉬와 스튜디오 대표 윈필드 시헌은 영화 '빅 트레일'에 출연시킬 다른 배우를 손쉽게 찾았을 것이다. 상황을 지휘한 것은 그들이었다!

이제 존 웨인을 다른 웨인, 즉 잉글랜드의 스트라이커 웨인 루니와 비교해보자. 그의 에이전트가 2014년 초에 어떻게 맨체스터 유나이티드와 주급 30만 파운드를 받는 계약을 체결할 수 있었을까? 당시에 루니는 최고의 골잡이로서 워낙 인기가 높은 탓에 그에게 러브콜을 보내는 팀이 넘쳐났다. 그래서 맨체스터 유나이티드는 루니가 원하는 것을 줄 수밖에 없었다. 상황을 지휘한 것은 루니였다!

겉으로 보기에는 "그래서 뭐가 어떻다는 말인가?"라는 생각이 들지 모른다. 물론 유리한 입장에서 영향력이 클 때 협상하기가 더 쉬울 것이다. 하지만 두 웨인의 사례를 제시한 주요 이유는 그것이 아니다. 필자는 존 웨인과 웨인 루니가 완전히 다른 유형의 협상을 통해 둘 다 자신에게 득이 되는 거래를 성사했다는 점을 지적하고 싶었다(그들과 계약한 폭스사와 맨체스터 유나이티드 구단도 마찬가지다).

즉 만일 존 웨인이 본명인 매리언 모리슨에 집착하거나 '빅 트레일'의 주인공 역할을 거절했더라도 은막의 우상이 되고 영화 170편에 출연할 수 있었을까? 아마 그러지 못했을 것이다.

따라서 비즈니스 협상을 할 때 이런 점을 기억하길 바란다. 때로는 미래에 많은 것을 얻기 위해 협상 당시에 약간 손해를 보는 것도 나쁘지 않다.

3. 거래를 이기지 말고 만들어 나가라

팀 힌들은 『협상 기술Negotiating Skills』에서 "거래는 이겨서 얻는 것이 아니라 만들어 나가는 것이다"라는 사실이 중요하다고 강조한다. 브라이언 핀치 역시 『더 나은 거래를 위해 협상하는 시간 30분30 Minutes... To Negotiate a Better Deal』에서 이렇게 말한다. "'누가 이겼는가?'라는 질문은 무의미하다. 목표를 달성했다면 당신이 이긴 것인 만큼 상대방도 이겼는지 졌는지 알 필요가 있는가?"

비즈니스의 귀재가 되기 위한 다음 단계

요약하자면 다음의 방법을 통해 협상 능력을 키울 수 있다.

❶ 협상을 할 때 계획을 세우고, 협상을 개인화하고, 상대방과 협력 관계를 구축할 방법을 찾는 것이 왜 그토록 중요한지 생각해보라. 그래야 즉석에서 협상에 대해 생각하거나 세부사항에 대한 논의로 곧장 뛰어들거나 모든 상황에서 강경한 입장을 취하는 함정에 빠지지 않을 수 있다.

❷ 협상이 우리 모두가 매일 하는 활동이라는 점을 기억하라. 이는 우리가 협상 장면을 머릿속에 더 긍정적으로 그리는 데 도움이 될 것이다. 특정한 소수의 사람만이 협상을 하거나 협상을 잘하는 것은 아니다.

❸ 원칙에 입각한 협상의 힘을 활용하라. 영혼을 팔지 않고서도 원하는 것을 얻을 수 있는 경우도 많다.

❹ 협상에 나서기 전에 네 가지 질문에 대한 답을 찾으며 계획을 꼼꼼하게 세워라. 당신이 생각하기에 환상적인, 실현 가능한, 기본적인 협상이 각각 무엇인지, 그리고 협상이 임박했을 때 벗어날 수 있는 방법은 무엇인지 생각해보라. 이런 점이 분명할수록 당신이 원하는 거래를 성사하기가 더 쉬울 것이다.

❺ 거래를 만들어 나가는 데 초점을 맞춰라. 팀 힌들의 조언을 잊지 마라. "거래는 이겨서 얻는 것이 아니라 만들어 나가는 것이다."

영화와 축구, 그리고 두 명의 웨인도 잊지 마라!

명사의 명언

비즈니스에서는 인생과 마찬가지로 당신이 받아 마땅한 것을 얻는 것이 아니라 당신이 협상하는 것을 얻는다.

–체스터 캐러스(『협상게임』의 저자)

PART 3

비즈니스
성과를
올려라

좋은 것은 위대한 것의 적이다.

–짐 콜린스

경쟁우위를
강화하라

비즈니스의 귀재가 되는 길에 놓인 **열한 번째 걸림돌**은 **경쟁우위가 분명하게 보이지 않는 것이다.**

다시 말해, 다른 사람들이 알아보기 대단히 어려운 독자적인 판매 가치USP가 있는 것이다. 이 영역에서 탁월한 능력을 보이려면 다음과 같은 행동이 필수적이다.

▶ 당신이 판매하는 상품이나 서비스에 어떤 독특한 가치가 있는지 사람들이 쉽게 알아볼 수 있게 해야 한다.
▶ 그런 독특한 가치가 사람들의 인생에 어떤 변화를 불러올 것인지 그들이 쉽게 알아볼 수 있게 해야 한다.

'모스 경감'을 예로 들어보자. 〈아메리칸 스펙테이터〉의 기자 래리 쏜베리에 의하면 1980년대 초에 방영된 '마이애미 바이스'나 '힐 스트리트 블루스'와 같은 수사 드라마에는 빨리 달리는 자동차와 시끄러운 록 음악이 등장했다. 그런데 영국의 수사 드라마 '모스'는 달랐다. 이 드라마는 콜린 덱스터가 쓴 소설을 각색하고 존 쏘우를 주인공으로 캐스팅했는데 시청자들에게 "전형적인 수사물과는 다른 신선함"을 안겨 주었다.

모스는 우리가 주위에서 흔히 볼 수 있는 경감이 아니었다. 그는 "중년의 지적이고 다소 심술 난 속물"이었다. 옥스퍼드대학교에서 서양 고전학을 공부했으며, 시와 오페라에 강한 열정을 드러내기도 했다. 이런 독특한 특성에 드라마의 잔잔한 사운드트랙이 더해져

'모스'는 전 세계적으로 큰 인기를 누렸다. 영국에서만 매회 1천500만 명의 시청자를 사로잡았을 정도다!

따라서 경쟁우위를 강화하고 싶다면 이런 점에 대해 생각해보길 바란다. '모스 경감'은 독자적인 특별함이 있기도 했지만 시청자들이 가치 있게 여길 만한 특별한 점도 있었고, 그것을 찾기가 너무 어렵지도 않았다.

하지만 '모스'는 빙산의 일각에 불과하다. 수년 동안 여러 비즈니스의 귀재가 경쟁우위를 확보하기 위해 경쟁자들과 차별화된 모습을 보일 수 있는 방법을 찾아냈다. 1885년에 러시아 황제의 공식적인 보석 세공인이 된 칼 파베르제를 예로 들어보자. 그는 뛰어난 세공 기술과 품질로 승부했고, 그의 독특한 파베르제 달걀은 이제 전 세계적으로 널리 유명해졌다.

반면 세계에서 가장 큰 소매업체인 월마트의 창립자이자 비즈니스의 귀재인 샘 월튼은 역동적인 소매 전략을 개발하여 경쟁우위를 확보했다. "가격은 낮게, 물건은 높이 쌓아서 날개 돋친 듯 팔리게 하자"가 그가 내세운 전략이었다.

다행히도 약간의 상상력을 활용하면 우수한 성과를 거두고 그런 성과를 유지할 수 있는 무한한 기회가 열린다. 조르지오 아르마니는 탁월한 디자인으로, 싱가포르 항공은 탁월한 고객 서비스를 제공하여 차별화를 꾀했다. 돌비와 스트라디바리는 탁월한 음질을 제공하고, 블룸버그는 대단히 신속하고 믿을 수 있는 비즈니스 뉴스를 제공하여 경쟁자들을 제쳤다. 이 목록은 독특한 핑크색 종이를 사용하는 〈파이낸셜 타임스〉와 먼지 가방이 없는 다이슨 진공청소기를 포함하여 계속 이어진다.

위에 소개한 사례의 바탕에 깔린 원칙은 모두 똑같다. 경쟁우위를 얻는 비결은 경쟁사들의 평범함을 따라 하지 말고 "상황이 더 나아지도록 우리가 무엇을 다르게 할 수 있을까?"라는 질문을 끊임없이 던지는 것이다. 마케팅의 귀재 필립 코틀러가 강조하듯이 다른 사람들이 "따라 할 수 없거나 하지 않으려고 하는 일을" 하는 것이 중요하다.

마지막으로 한 가지 사례만 더 소개하겠다. 마이클 포터는 경쟁우위의 다섯 가지 원동력에 관한 이론으로 가장 잘 알려진 하버드 출신의 학자다. 그는 경쟁우위의 세계적인 전문가로 자신의 경쟁우위를 확보했다! 이것이야말로 비즈니스의 귀재다운 면모다!

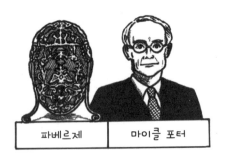

| 파베르제 | 마이클 포터 |

코카콜라는 약제사 존 스티스 팸버턴이 1886년 애틀랜타에 설립했다. 그런데 코카콜라는 1900년대 초에 큰 상업적인 도전에 직면했다. 마케팅과 홍보에 큰돈을 들이고 있었는데도 "물, 베이킹 소다, 약간의 토닉 시럽"이라는 수익성 좋은 제조법이 모방될 위기에 놓인 것이다.

이는 코카콜라가 경쟁우위를 강화하여 다른 제품들과 차별화되기 위해 다른 무엇인가가 급히 필요하다는 뜻이었다. 그래서 어떻게 했을까? 코카콜라는 루트 유리 공장에서 일하던 디자인의 귀재 얼 딘의 도움을 받아 완전히 새로운 모양의 병을 디자인했다. 딘이 코코아 열매의 모양을 본떠 윤곽이 독특한 병을 만든 것이다. 결국 이 병은 1916년에 처음 출시된 이래 전 세계적으로 코카콜라의 상징으로 알려져 있다.

그로부터 100년이 지난 2014년 초에 코카콜라는 이 전통적인 아이디어를 한층 더 발전시키는 천재적인 결정을 내렸다. 커다란 2리터짜리 플라스틱 병에도 똑같은 디자인을 사용하고, "행복은 새로운 병 안에 담겨 있습니다"라는 인상적인 문구를 삽입한 것이다.

따라서 당신도 비즈니스를 하면서 어떻게 잠재적으로 더 나은 길을 만들어 나갈 수 있을지 고민해보길 바란다.

유용한 조언과 탈출 전략

아래에 경쟁우위를 강화하는 데 도움이 될 만한 세 가지 실용적인 조언과 전략을 소개한다. 우리가 살펴보는 경쟁우위가 민간 부문(예: 금융 서비스, 세련된 옷, 탄산음료 판매)에만 적용될 수 있는 것은 아니라는 사실을 염두에 두길 바란다.

'더 나아질 수 있는 여지는 언제나 있다'라는 개념은 공공 부문에서도 갈수록 중요해지고 있다(예: 다른 지방 자치 단체 의회보다 더 나은 서비스를 제공하려고 하는 의회, 다른 학교보다 학생들의 관심을 더 많이 얻으려고 하는 학교).

당신이 어느 분야에서 일하든 다음에 살펴볼 핵심적인 메시지를 당신의 고유한 상황에 알맞게 적용하길 바란다.

1. 남들보다 더 똑똑해지기 위해 더 뛰어난 사고를 하라

치열한 경쟁이 펼쳐지는 현대 비즈니스의 세계에서는 최대한 날카로운 사고를 유지하는 것이 필수적이다. 마이클 버그달이 『월마트 방식』에서 강조하듯이 "경쟁자들에게 짓밟히지 않으려면 1년 52주 내내 그들보다 사고, 계획, 작업, 계획의 실행에 더 능해야 한다."

울워스의 경우 수년 동안 비즈니스에서 우위를 확보하던 시절이 있었다(HMV, 블록버스터, 골든 원더 크리스프, 클린턴 카드도 마찬가지다). 하지만 경쟁우위를 확보하는 일과 그것을 유지하는 일은 전혀 다르다!

따라서 당신 역시 '전략상 표류'하는 일이 없도록 다음에 소개하는 두 가지 조언을 새겨듣길 권한다(첫 번째 조언은 혁신 전문가 로저 본 외흐의 말이고, 두 번째 조언은 윌리엄 테일러와 폴리 라바르가 집필한 『창조형 리더는 원칙을 배반한다』에서 발췌했다).

❶ 비즈니스를 할 때 정답을 찾는 것만으로는 충분하지 않은 경우도 있다. 때로는 두 번째 답을 찾거나 세 번째 답을 찾아야 예상 가능한 범위에서 크게 벗어날 수 있다.

❷ 비즈니스를 할 때 가장 이상적인 방법을 따르는 것만으로는 충분하지 않은 경우도 있다. 그것은 당신의 경쟁자들이 지금 하고 있는 일이다.

당신과 당신의 기업이 뒤처지지 않도록 다음의 전략도 참고하길 권한다.

2. 혁신성을 추구하라

기업이 경쟁우위에 관해 가장 흔히 저지르는 실수 중 한 가지는 혁신에 초점을 너무 많이 맞춘 나머지 혁신성에는 신경을 충분히 쓰지 못하는 것이다. 물론 혁신과 혁신성이 겹치는 부분도 있지만 둘은 엄연히 다른 개념이다.

마크 오헤어가 1988년에 출간한 『혁신하라!Innovate! How to Gain and Sustain Competitive Advantage』에 따르면 "혁신은 기업을 앞으로 나아가게 할 수 있다." 하지만 "혁신성은 기업을 앞으로 훨씬 많이 나아가게 할 수 있다."

만일 새로운 X17 장치를 개발하는 데 모든 시간을 할애한다면 머지 않아 누군가가 성능이 더 뛰어난 X17+ 장치나 X18 또는 X19를 개발할 가능성이 크다.

블랙베리의 경우를 생각해보자. (2012년 3월에 「더 타임스」에 실린) 데이비드 로버트슨의 글에 의하면 "블랙베리는 수년 동안 스마트폰 시장을 지배했다. 하지만 아이폰을 비롯하여 웹 브라우징이 가능하고 미디어 앱이 딸린 다른 장치들이 등장하면서 1년 만에 블랙베리의 시장 점유율은 75퍼센트 하락했으며, 수익도 3분의 2나 감소했다."

따라서 혁신성을 개발하는 편이 더 현명한 전략이라는 것은 거의 틀림없다(예: 직원들이 정기적으로 수평적 사고 훈련 프로그램에 참석하여 상상력을 키울 수 있도록 돕는 것, 생각을 넓히기 위해 김위찬과 르네 마보안의 『블루오션 전략』과 같은 책을 읽는 것). 혁신성에 투자하면 기업이 혁신을 거듭하는 데 필요한 탄탄한 기반을 다질 수 있어 좋다.

혁신성은 오헤어가 "옹호할 수 있는 경쟁우위"라고 부르는 것의 열쇠를 쥐고 있는 것처럼 보인다. "이것 없이는 혁신이 전략의 핵심이 아니라 부수적인 전술로 전락하기" 때문이다.

3. 선더버드처럼 날아라

1960년대에 게리 앤더슨은 '선더버드'라고 알려진 대단히 성공적인

TV 프로그램을 제작했다. 그는 슈퍼마리오네이션이라는 특수 기술을 사용했는데 당시로서는 독특한 기술이었다. 이는 가느다란 금속 와이어로 꼭두각시를 늘어뜨린 채 원격 조정을 통해 인형의 입을 위아래로 움직여 마치 인형이 말을 하는 것 같은 인상을 주었다.

당신 또한 경쟁우위를 확보하고 싶다면 특징 없는 상품이나 서비스가 아닌 차별화된 모습을 보여야 한다. 그것이 바로 아서 볼드윈 터너가 1892년에 〈보그〉라는 전혀 다른 유형의 잡지를 탄생시켰을 때 우위를 점한 방법이다. 피에르 오미디아르가 1997년에 이베이를 창립하여 전혀 다른 방식의 온라인 경매를 활성화한 것도 마찬가지다.

비즈니스의 귀재가 되기 위한 다음 단계

요약하자면 다음의 방법을 통해 경쟁우위를 강화할 수 있다.

❶ 당신의 경쟁우위가 어느 정도까지 분명하게 보이는지 알아보라. 잠재적인 경쟁자의 눈에 당신이 판매하는 상품이나 서비스가 다른 사람들의 것과 비슷해 보인다면 H.G. 웰스가 1897년에 발표한 『투명인간』처럼 사람들의 눈에 띄지 않을지도 모른다.

❷ 다른 사람들이 어떻게 독자적인 판매 가치를 성공적으로 개발했는지 살펴보라. 앞서 소개한 '모스 경감', 파베르제, 〈파이낸셜 타임스〉, 얼 딘이 디자인한 상징적인 코카콜라 병의 사례를 기억하라. 다른 사람들의 성공 사례를 살펴보면 우리도 성공하는 데 도움이 되는 영감을 얻는 경우가 많다.

❸ 혁신의 힘을 활용하라. 마크 오헤어가 지적하듯이 오직 혁신에만 초점을 맞추는 것은 부수적인 전술일 뿐인 경우가 많다.

❹ 최선책뿐만 아니라 차선책도 고려할 수 있도록 계획을 세워라. 그래야만 빠른 속도로 변화하는 세상에서 표류하거나 뒤처지지 않을 수 있다.

❺ 차별화를 꾀하라. '선더버드', 〈보그〉, 이베이의 사례를 기억하라. 다만 다른 사람들이 당신의 차별되는 특징을 진정으로 가치 있게 여기도록 해야 한다.

명사의 명언

조직의 지속 가능한 경쟁우위는 경쟁 조직보다 더 빨리 학습하는 능력뿐이다.

−피터 센게(MIT의 부교수)

사 업 을
확 장 하 라

비즈니스의 귀재가 되는 길에 놓인 **열두 번째 걸림돌**은 **사업을 충분히 확장하지 않는 것이다.**

이런 일이 발생하는 이유는 간단한다. 사업은 가만히 멈춰 있지 않기 때문에 (화학업체 ICI의 전 의장) 존 하비 존스 경의 말처럼 "항상 앞으로 나아가지 않으면" 사실상 "뒤로 가는 것이나 마찬가지다."

물론 운이 좋으면 사업을 확장하지 않고서도 사업이 성장하는 경우도 드물게 생긴다. 영국의 연필 판매량은 2000년대 초에 스도쿠가 인기를 끌었을 때 무려 400퍼센트 이상 증가했다. 이와 마찬가지로 미국의 공군 지원율은 1986년에 500퍼센트 이상 증가했다. 토니 스콧과 제리 브룩하이머가 만든 영화 '탑건'의 인기 덕택이었다. '탑건'은 "나는 스피드가 필요해"라는 느낌을 전달했고, 전투기를 조종하는 것이 그 어느 때보다도 섹시하고 신 나는 일처럼 보이게 했다! 하지만 이런 식으로 운에 의지하는 것은 가장 현명한 전략은 아니다.

사업은 수동적으로 확장하는 것보다는 적극적으로 확장하는 편이 훨씬 낫다. 〈포브스〉의 창립자 B.C. 포브스(1880~1954)에 의하면 "사업을 적극적으로 추진하지 않으면 업계에서 내쫓기고 말 것이다."

따라서 당신의 사업이 안데스 콘도르처럼 하늘로 솟아오르길 바란다면 필자가 비즈니스 지인 로이 셰퍼드에게서 영감을 받아 개발한 모델을 참고하길 바란다(이때의 사업 성장은 수익, 생산성, 인력 개발, 공공 서비스 제공을 모두 포함한다).

바로 본론으로 들어가자면 이 모델은 사업의 종류에 관계없이 사업을 확장하는 방법은 네 가지뿐이라는 아이디어에 바탕을 두고 있다. 그 네 가지는 잠재적인 소비자 찾아내기, 사업 영역 다양화하기, 기존의 소비자 끌어들이기, 가치 높이기이며, 모델은 다음과 같이 적용하면 된다.

잠재적인 소비자 찾아내기

사업을 확장하는 첫 번째 방법은 이전에는 알아보지 못했던 소비자를 찾아내는 것이다. 다시 말해, 커다란 망원경으로 광활한 우주를 관찰하면서 기존의 소비자 말고 또 누가 있는지 찾아보는 격이다.

인도를 예로 들어보자. 인도는 차를 마시는 깃으로 유명하지만 코스타 커피는 2005년 9월에 이 새로운 시장에서 '첫 국제적인 커피 체인점'이 될 수 있는 상업적인 잠재력을 발견했다. 이와 마찬가지로 화장품 업체 니베아는 1980년 전까지는 여성을 위한 기초 제품에 주력했지만 남성을 위한 기초 화장품도 큰 수익을 올릴 수 있을 것이라는 사실을 알아냈다.

과거를 좀 더 거슬러 올라가 1919년으로 돌아가면 다논의 사례를 살펴볼 수 있다. 다논은 아이작 카라소가 바르셀로나에서 창립한 요구르트 업체다. 다논은 제1차 세계대전 이후 장 문제로 고생하는 어린아이들을 돕기 위해 약국을 통해 건강식품을 파는 회사였다.

그러나 카라소의 아들 다니엘(다논의 이름은 여기서 비롯되었다)은 회사가 훨씬 커질 수 있을 것이라고 생각했다. 그래서 요구르트가 더 넓은 고객층의 입맛에 맞도록 더 맛있게 만드는 일을 도왔다. 머지않아 다논은 유제품 매장을 통해서도 유통을 시작하게 되었다.

사업 영역 다양화하기

사업을 확장하는 두 번째 방법은 사업 영역을 다양화하는 것이다. 당신의 기업이 잠재적으로 또 어떤 분야에 도전할 수 있을지 살펴보라.

찰스 헨리 해롯(1799~1885)이 1849년에 사업을 시작했을 때 그는 한 칸짜리 방에서 보조 두 명과 배달원 한 명을 두고 주로 차와 식료품을 판매했다. 하지만 해롯은 차츰차츰 우리가 현재 알고 있는 전 세계적으로 유명한 백화점으로 확장해 나아갔다(7층짜리 건물을 연간 1천 500만 명의 쇼핑객이 방문하며, 수익은 15억 파운드가 넘는다!). 해롯 백화점은 신발부터 향수나 정원용 가구에 이르기까지 "모든 사람을 위해 모든 것"을 판매한다는 점을 자부심으로 여긴다.

이와 마찬가지로 앨린 프리먼의 『앨프리드 슬론의 천재적인 리더십 The Leadership Genius of Alfred P. Sloan』에 따르면 슬론이 1920년대에 제너럴 모터스의 경영권을 넘겨받았을 때 비즈니스 성장에 대한 그의 접근법은 포드사보다 훨씬 개방적이었다. 헨리 포드는 이런 말을 한 것으로 유명하다. "어떤 색으로든 저희 차를 구입하실 수 있습니다. 그 색이 검은색이기만 하다면요."

반면 슬론의 혁신적인 리더십은 "모든 가격대와 목적에 알맞은 자동차"를 만드는 것에 초점을 맞췄다. 그 결과 1923년과 1936년 사이에 포드의 시장 점유율은 60퍼센트에서 22퍼센트로 하락했고, 제너럴 모터스의 점유율은 43퍼센트로 상승했다!

기존의 소비자 끌어들이기

사업을 확장하는 세 번째 방법은 똑같은 사람들을 계속 끌어들여 그들이 당신에게서 지속적으로 구매하게 하는 것이다(똑같은 상품이나 서비스를 어떻게 다른 방식으로 알릴 수 있는지 살펴보라).

이것이 바로 회원카드가 주어지고 질레트가 쓰고 나서 버릴 수 있는 면도날을 만든 이유다. 프린터의 잉크 카트리지나 전구도 끊임없이 새것으로 갈아야 한다. 시리얼 업체인 슈레디드 휘트의 경우 1982년에 "세 개나 먹지는 못하겠지"라는 천재적인 문구를 사용하여 매출이 크게 오르기도 했다. 미국 전역에서 아이들이 그 광고 문구가 틀렸다는 것을 증명하기 위해 시리얼을 많이 사 먹은 덕택이다.

가치 높이기

사업을 확장하는 네 번째이자 마지막 방법은 가치 또는 사람들이 인식하는 가치를 지속적으로 높이는 것이다. 그러면 당신이 판매하는 상품이나 서비스에 대한 대가로 더 많은 비용을 부과할 수 있다.

의사의 경우 심장 전문의, 산과 전문의, 뇌 전문 외과 의사 등 특정 분야의 전문의가 되어 몸값을 높일 수 있다. 경영대학원은 명망 있는 MBA 프로그램을 도입하여 학교의 가치를 높일 수 있으며, 음식점 주인은 상을 수상하여 음식점의 가치를 끌어올릴 수 있다. (덴마크 노마에서 음식점을 운영하는 서른여섯 살의 요리 천재 르네 레드제피는 최근에 두 번째 미슐랭 별을 받았을 뿐만 아니라 '세계에서 가장 우수한 레스토랑' 상을 연속 4회나 수상했다!)

그러나 기업의 가치를 높인 가장 놀라운 사례 중 한 가지는 다이아몬드 회사 드비어스의 경우일 것이다. 지금은 상상하기 어렵지만 1930년대에 다이아몬드 수요가 전 세계적으로 급락한 일이 있었다. 그래서 드비어스는 운명을 바꾸기 위해 똑똑한 계획이 필요하다는 사실을 깨달았다. 그들은 어떻게 했을까?

뉴욕에 있는 광고 회사 N.W. 에이어 앤드 선의 도움을 받아 드비어스는 다이아몬드를 로맨스와 연결시키는 천재적인 아이디어를 떠올렸다. 그러고는 할리우드 스타와 왕족들을 광고에 출연시켜 이 메시지를 대대적으로 알렸다. 그 결과 (미국 기자 E.J. 엡스타인의 말대로) "다이아몬드의 발명"이 이루어졌다!

다이아몬드로 된 약혼반지는 머지않아 소장할 가치가 있는 '유일한' 종류의 약혼반지로 받아들여지기 시작했다. 그전까지만 하더라도 많은 사람이 색이 있는 보석을 더 선호했었다. 하지만 진정한 비즈니스의 귀재다운 면은 엡스타인이 설명하는 것처럼 남성의 눈에는 다이아몬드 약혼반지가 사랑을 담은 선물로, 또 여성의 눈에는 구애의 일부로 인식되었다는 점이다.

그 결과 더 많은 사람이 다이아몬드를 사기 시작했을 뿐만 아니라 더 비싼 다이아몬드를 사기 시작했다! 데이터에 따르면 1939년에 다이아몬드의 연간 매출은 약 2천300만 달러에 육박했고, 1979년에는 그 천재적인 광고 덕택에 무려 21억 달러로 치솟았다!

1948년에 천재적인 카피라이터 프랜시스 게레티가 떠올린 "다이아몬드는 영원하다"라는 광고 문구가 오늘날 아직까지 통하는 데는 다 이유가 있다.

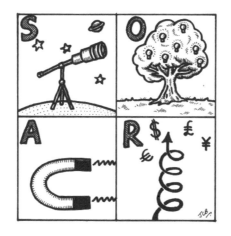

1950년대까지만 하더라도 대부분의 인형은 세계 어디에서나 갓난아기 또는 어린 소녀 같은 모습이었다. 하지만 루스 핸들러라는 비즈니스의 귀재가 나타나면서 이런 추세는 완전히 바뀌었다. 1956년에 독일을 방문한 경험에 영감을 받아 핸들러는 인형이 어른처럼 생기면 어떤 일이 벌어질지 생각해 보았다. 어린 소녀들이 어른처럼 생긴 인형을 가지고 놀면서 옷도 멋지게 입히고 마치 어른이 된 것처럼 느낄 수 있을 것 같았다.

그 작은 아이디어를 바탕으로 마텔은 1959년에 첫 바비 인형을 만들었고, 그 후로 바비 인형의 위상은 끝없이 올라갔다. 존 헤이든이 2012년 4월에 〈워싱턴 타임스〉에 실은 기사에 따르면 1959년 한 해에만 약 30만 개의 바비 인형이 팔린 것으로 추정된다. 하지만 지난 50년 동안 팔린 바비 인형은 아마 수십억 개일 것이다!

www.barbiemedia.com과 같은 다른 정보원에 의하면 "바비 인형은 세계 어딘가에서 3초마다 한 개씩 팔리고 있다." 또한 "3~10세인 여자 어린이의 90퍼센트가 바비 인형을 적어도 한 개씩 갖고 있다."

그뿐만이 아니다. 바비 인형의 매출에는 위에서 살펴본 네 가지 사업 확장 방식이 모두 적용된 것처럼 보인다! 마텔은 잠재적인 소비자를 찾아낸 덕택에 바비 인형을 150개국에서 판매 중이며, 사업 영역을 다양화하여 바비가 영화와 음악 시장에도 진출할 수 있었다. 또한 인형 옷에 딸린 액세서리와 가구 소품을 끊임없이 판매하여 기존의 소비자를 다시 끌어들였으며, 한정판 인형을 생산하여 인형의 가치에 프리미엄을 붙이기도 했다. 이 얼마나 천재적인가!

아래에 사업을 확장하는 데 도움이 될 만한 세 가지 실용적인 조언과 전략을 소개한다.

1. 계속해서 학습하라

바닷가재는 결코 성장을 멈추지 않는다는 말이 있다. 어쩌면 그것이 바닷가재가 150년 넘게 살 수 있는 한 가지 이유일지도 모른다! 하지만 사람은 바닷가재와는 많이 다르다. 우리는 교육적인 측면에서 성장을 멈추는 경우가 많고, 학습을 멈추기 때문에 성장 또한 멈추는 것이다.

따라서 당신, 당신의 동료들, 당신의 사업 모두 경쟁이 치열한 세상에서 계속 살아남고 번성하고 싶다면 (창의력 전문가 줄리아 캐머런의 조언처럼) "우물을 계속 채워야" 한다는 사실을 명심하라. 새로운 아이디어와 신선한 관점을 우물에 지속적으로 집어넣어야 우물이 마르지 않을 것이다.

그러나 학습한다는 것이 언제나 지식에 내용을 더 얹는 형식, 즉 머릿속에 자료를 점점 더 많이 집어넣는 방식일 필요는 없다. 『부자 아빠, 가난한 아빠』의 저자 로버트 기요사키가 강조하듯이 "맥락을 확장하는 유형의 지식은 성장을 위해 내용을 늘리는 지식만큼 또는 그보다 더 중요할 수 있다. 우리가 이미 알고 있는 것을 약간 다른 렌즈를 통해 볼 수 있도록 돕기 때문이다."

물론 모든 사람이 학습이 중요하다는 의견에 동의하지는 않는다(중국 속담 중에 "배움은 배우는 자를 어디나 따라 다니는 보물이다"라는 것이 있는데도 말이다). 하지만 개인적인 커리어 계획에 관해 조언을 얻고 싶다면 링크드인의 창립자 중 한 명인 리드 호프먼의 말을 새겨듣길 바란다.

> **"끊임없이 자신을 재창조하고 당신의 미래에 투자해야 한다."**

2. 예상하지 못할 일도 예상하라

여러 사례를 살펴보면 사업이 성장하는 데는 수년씩 걸리더라도 곤두박질치는 것은 순식간이다. 프랑스의 베레모를 예로 들어보자. 베레모는 오랫동안 프랑스에서 대단히 잘 팔리는 모자였다. 그런데 2001년에 예상하지 못했던 일이 벌어졌다. 프랑스 정부가 군 징병제를 끝내는 새로운 법안을 통과시킨 것이다. 그로 인해 연간 40만 개의 군 베레모에 대한 수요가 한순간에 사라져 버렸다!

따라서 사업이 건강하게 유지되길 바란다면 1970년대에 쉘사 덕택에 유명해진 '시나리오 플래닝'과 같은 기술을 이용하는 것이 도움이 될 수 있다. 이는 생각할 수 없는 것에 대해 생각하고, 상상할 수 없는 것을 상상하여 두 가지 상황 모두에 대비하는 데 도움을 준다.

3. 새로운 곡선을 만들어라

혹시 시그모이드 곡선에 대해 이미 알고 있다면 필자를 용서하길 바란다. 필자가 이 곡선을 언급하는 유일한 이유는 사업의 확장에 대해 논하면서 시그모이드 곡선을 빼놓을 수 없기 때문이다. 이 내용에 대해 이미 알고 있는 독자들을 위해 최대한 간결하게 설명하고 넘어가려고 한다.

1990년대에 『비이성의 시대』에서 찰스 핸디는 비즈니스에서 "당신을 현 위치까지 이끌어준 것이 항상 당신이 그곳에 머무는 데 도움이 되지는 않는다"라고 강조한다. 이런 주장을 바탕으로 핸디는 시그모이드 곡선이라고 불리는 개념에 대해 글을 썼다. 이는 마치 알파벳 S가 앞으로 약간 기울어진 것과 흡사한 모양이다.

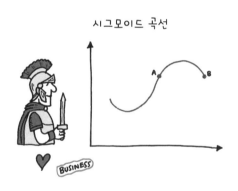

시그모이드 곡선은 무엇을 의미할까? 아래의 그래프에서 x축이 시간이고 y축이 성과일 때 인생의 사실상 모든 것이 필연적으로 이런 식의 예측 가능한 패턴을 따른다는 것이다. 그것이 로마 제국이든 인간관계나 사업이든 인생 그 자체든 말이다. 우선 처음에는 성과가 떨어진다. 기초적인 지식을 배우느라 실수를 하기 때문이다. 하지만 그 후로는 성과가 서서히 향상되다가 모든 것이 시간이 지남에 따라 성쇠를 거듭하기 시작한다.

그러나 핸디의 핵심 메시지는 성장과 혁신을 곡선의 끝(점 B)에 가서
야 신경 쓰면 너무 늦는다는 것이다! 그보다는 점 A에서, 즉 필요성
이 느껴지기 전에 새로운 일을 추진하는 편이 낫다. 그러면 그래프
에 나와 있듯이 지속적인 성장이 가능하고 영원히 신선하고 경쟁력
있는 상태를 유지할 수 있을 것이다.

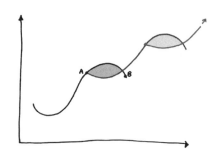

비즈니스의 귀재가 되기 위한 다음 단계

요약하자면 다음의 방법을 통해 사업을 확장할 수 있다.

❶ 사업 확장이 근본적으로 당신에게 어떤 의미가 있는지 생각해보라. 토니 로빈스
의 말처럼 "정원사에 따라 정원이 달라지기" 때문이다.

❷ 사업 확장이 더 이상 선택사항이 아니라 필수사항이라는 점을 기억하라. 존 하
비 존스 경의 말처럼 "항상 앞으로 나아가지 않으면 사실상 뒤로 가는 것이나

마찬가지다."

❸ 사업을 확장하는 네 가지 방법의 힘을 활용하라. 코스타 커피, 니베아, 다논, 바비의 사례를 기억하라. 다시 말해, 현 위치에서 성장하고 원하는 위치에 이르는 데 도움이 필요할 때 잠재적인 소비자 찾아내기, 사업 영역 다양화하기, 기존의 소비자 끌어들이기, 가치 높이기를 활용하라.

❹ "우물을 계속 채울" 수 있도록 계획을 세워라. 사업은 신선한 아이디어와 새로운 학습이 꾸준히 공급되어야만 경쟁력을 유지할 수 있기 때문이다.

❺ 새로운 곡선을 목표로 삼아라. 찰스 핸디의 다음과 같은 조언을 항상 기억하라. "당신을 현 위치까지 이끌어준 것이 항상 당신이 그곳에 머무는 데 도움이 되지는 않는다."

명사의 명언

사업을 축소해서는
위대한 기업이 될 수 없다.

-톰 피터스(경영 전문가이자 『초우량 기업의 조건』의 저자)

혁신적인
조직 문화를
창조하라

비│즈니스의 귀재가 되는 길에 놓인 **열세 번째 걸림돌**은 **조직 문화가 딱딱한 것이다.**

다시 말해, 숨 막힐 것 같은 조직 문화 때문에 직원들에게 남과 다른 행동은커녕 다른 생각조차 할 수 있는 자유가 거의 주어지지 않는 것이다.

그렇다면 이런 일은 왜 벌어지는 것일까? 관료주의? 사내 정치? 회사 규정? 하버드의 학자 테레사 아마바일에 의하면 사내에 감시, 통제, 평가, 빡빡한 데드라인이 지나치게 많기 때문이다.

비즈니스 작가 로버트 하틀리의 경우 조직 내에 다음의 세 가지 요인이 너무 많다고 주장한다. 안주("우리는 변할 필요가 없다. 이대로도 회사가 잘 돌아가고 있으니까"), 자만심("우리는 변할 필요가 없다. 우리가 다른 모두보다 나으니까"), 보수성("우리는 변할 필요가 없다. 옛날 방식이 최고이니까")이다.

필자는 세 가지 요인을 더 줄여서 한 가지로 압축하려고 한다.

"여기서 그런 일을 하실 수 없습니다!"

너무 간단하게 들릴지도 모르겠지만 이 한 문장만으로 딱딱한 조직 문화가 본질적으로 어떤 모습인지 요약할 수 있다. 그 이유는 이렇다.

혁신 전문가 존 세제라니의 『빅 아이디어 Big Ideas: Putting the zest into

creativity and innovation at work 』에 따르면 이 문장에는 더 많은 의미가 담겨 있다고 한다. 이 말을 어떻게 하느냐에 따라 서로 다른 상황이 다섯 가지나 발생할 수 있기 때문이다.

❶ "여기서 그런 일을 하실 수 없습니다!"라는 말은 "저는 그런 일을 할 수 있지만 당신은 안 됩니다(제가 당신보다 지위가 더 높으니까요)"라는 뜻일 수 있다. 따라서 이런 조직에서 볼 수 있는 딱딱한 분위기는 체계, 위계질서, 신분과 관련이 있다.

❷ "여기서 그런 일을 하실 수 없습니다!"라는 말은 신조, 태도와 관련이 있다.

❸ "여기서 그런 일을 하실 수 없습니다!"라는 말은 능력, 기술과 관련이 있다.

❹ "여기서 그런 일을 하실 수 없습니다!"라는 말은 행동과 관련이 있다.

❺ "여기서 그런 일을 하실 수 없습니다!"라는 말은 환경과 관련이 있다.

이것이 바로 직원들을 옭아매는 조직 문화보다 직원들에게 자유를 부여하는 조직 문화에서 비즈니스의 귀재다운 순간이 발생할 가능성이 훨씬 큰 이유다. 이런 문화에서는 실험하고, 탐구하고, 자극하는 일이 '허락'된다. 픽사, 버진, 3M, 이노센트, 벤 앤드 제리스 아이스크림의 경우 이런 유형의 조직 문화가 자리 잡았다.

그렇다고 해서 비즈니스를 하면서 앞뒤 가리지 않고 과감하게 행동하라는 말은 아니다. 자유를 만끽하고 창의적인 느낌을 즐기다가 모든 것이 카드로 만든 집처럼 우르르 무너져 내릴지도 모른다.

필자가 하고 싶은 말은 직원들의 실수가 용납되지 않는 조직 문화, 즉 용서할 수 있는 실수조차도 허락하지 않는 문화에서는 혁신적인 사고와 해결책이 탄생할 가능성이 적다는 것이다. 스탠퍼드대학교 교수 로버트 서튼이 지적하듯이 "조직의 특성을 알아보는 최고의 질문은 '직원들이 실수를 저지르면 어떤 일이 벌어집니까?'다."

폴 슬론은 『리더를 위한 수평적 사고 기술 가이드^{The Leader's Guide to Lateral Thinking Skills}』에서 혁신이 효율성을 항상 뛰어넘는다고 설득력 있는 주장을 펼친다. 점점 더 효율적인 마차를 계속 만들 수도 있겠지만 자동차를 만드는 편이 낫고, 더 효율적인 가스등과 타자기를 계속 만드는 것보다 혁신적으로 전등과 전자 워드 프로세서를 만드는 편이 낫기 때문이다.

비즈니스에서 더 나은 생각을 떠올리는 것은 매우 중요하다. 하지만 남과 다르게 생각하는 것이 더 중요한 경우가 많다.

재미있는 토막 정보

브라질의 비즈니스맨 리카르도 세믈러가 1981년에 아버지의 사업을 물려받았을 때 그는 일을 다르게 하는 데 별 관심이 없었다. 그는 일을 '완전히' 다르게 하고 싶어 했다! 그 결과 그가 물려받은 산업용 장비 제조업체 '셈코'는 지구상에서 가장 혁신적인 조직 문화를 갖춘 기업으로 금세 성장했다.

▶ 직원들은 상사들이 내리던 결정을 이제 직접 내린다.
▶ 간부들은 자유롭게 자신의 연봉과 보너스를 직접 책정할 수 있다.
▶ 기업의 회계 장부는 모든 직원에게 열려 있다.
▶ 작업 현장에서 일하는 직원들은 생산성 목표와 스케줄을 직접 정할 수 있다.

그렇다고 해서 모든 기업이 셈코처럼 조직 문화를 바꿔야 한다는 것은 결코 아니다. 필자가 이 이야기를 들려준 이유는 기업의 성과를 바탕으로 판

리카르도 세믈러

단하자면 세믈러의 접근법이 생각만큼 무모한 것은 아니었을지도 모른다는 점을 강조하기 위해서다.

세믈러가 집필한 『매버릭』(1993년에 초판 발간)에 따르면 그의 특이한 접근법 덕택에 셈코는 놀랍게도 11배나 성장하는 모습을 보였다. 당시에 브라질의 인플레이션이 무려 900퍼센트였는데도 말이다! 그뿐만이 아니다. 입사를 희망하는 대기자가 2천 명이나 있었고, 그중 수백 명이 셈코에서 근무할 수만 있다면 그 어떤 일이든 마다하지 않겠다고 말했다.

그렇다면 무엇이 이런 혁신적인 아이디어를 탄생시켰을까? 세믈러는 "아침에 직원들이 직장에 오고 싶어 하는 마음이 들게 하면 된다"라고 간단하게 말했다. 어떤 비즈니스 리더든 직원들과 함께 그런 목표를 달성할 능력이 있다면 천재라고 부르지 않을 수 없다!

유용한 조언과 탈출 전략

아래에 혁신적인 조직 문화를 창조하는 데 도움이 될 만한 세 가지 실용적인 조언과 전략을 소개한다.

1. 심리적 안정을 제공하라

필자는 몇 년 전에 런던에서 규모가 큰 조직을 위해 컨설팅을 한 적이 있다. 그 회사에는 첨단 기술이 가득 담긴 새로 만든 '창의력 존'이 있었다. 한눈에 보기에도 대단히 멋진 곳이었다. 형형색색의 빈백, 여러 가지 게임, 아이디어가 샘솟도록 자극이 될 만한 다양한 물건이 있었고, 천장에는 익살스러운 장식품도 매달려 있었다. "그런데 사람이 왜 아무도 없는 겁니까?"라고 필자가 묻자 이런 대답이 돌아왔다. "아, 아무도 저 안에 들어가려고 하지 않을 겁니다. 남들이 보면 일을 안 한다고 생각할 테니까요!"

이 통찰력 덕택에 필자는 비즈니스 혁신의 황금률이라고 부르는 것을 개발할 수 있었다. 바로 이것이다.

> **"사람들은 안전한 방법을 고수하는 일을 멈출 수 있을 만큼 자신이 안전하다고 느껴야 한다."**

역설적인 면은 있지만 바탕에 깔려 있는 원칙은 매우 중요하다. 두려움과 창의력은 공존할 수 없다는 것이다! 하얀 가운을 입고 돌아다니는 똑똑한 사람들에 의하면 두려움과 창의력은 각각 전혀 다른 뇌파와 관련이 있기 때문이다.

누군가가 특정한 일에 몰두하고 있을 때(예: 시험을 보고 있거나 데드라인이 임박해서 일을 마무리하는 중)는 베타파라고 불리는 뇌파가 발생한다. 베타파는 벽돌로 쌓은 건물의 벽에 강도가 드는 것을 방지하기 위해 설치된 결이 짧고 삐죽삐죽한 유리와 약간 비슷하게 생겼다. 신경과학 용어로 설명하자면 14~40Hz에 해당하는 뇌파다. 반면 그 사람이 숙면을 취하고 있거나 긴장이 완전히 풀린 상태에서는 델타파(4Hz 이하)가 발생한다. 이 뇌파는 영국의 레이크 지방에서 볼 수 있는 크고 구불구불한 언덕과 약간 비슷하게 생겼다.

베타파와 델타파의 중간에 있는 뇌파(4~14Hz에 해당하는 알파파와 세타파)가 바로 창의적인 사고, 백일몽, 명상과 가장 밀접한 연관이 있다. 이는 우리가 적당히 집중하고 긴장이 적당히 풀렸을 때 최고의 아이디어를 낼 수 있다는 뜻이다. 그것이 바로 찰스 디킨스가 긴 산책을 즐길 때, J.K. 롤링이 카페에 앉아서 시간을 보낼 때, 에드워드 드 보노가 면도할 때 훌륭한 아이디어를 떠올릴 수 있었던 이유다.

그러나 필자가 하고 싶은 말은 이것이다. 만일 우리가 두려움에 벌벌 떨어야 하는 환경(상사에게서 무슨 소리를 듣게 될지 또는 내일 출근했을 때 자신의 자리가 남아 있을지 항상 걱정해야 하는 분위기)에서 일한다면 직장에 있는 시간 동안 베타파가 자연스럽게 발생할 것이다. 이것은 무엇을 뜻할까? 이는 우리가 비상사태에 필요한 사고를 하게 된다는 말이다. 즉 기존에 효과를 본 안전한 방식을 그대로 사용하기 때문에 창의력과는 멀어질 수밖에 없다!

2. 다른 사람들을 비즈니스의 귀재로 양성하라

필자는 최근에 수평적 사고에 관한 세미나에서 사람들에게 이런 질문을 던졌다. "비즈니스에서 그 무엇보다도 창의력을 말살하는 단어를 하나만 떠올린다면 어떤 것일까요?" 필자는 그들이 '하지만'과 같은 단어를 말할 것으로 예상했다. 하지만 누군가가 "상사요!"라고 대답했다. 필자는 그것이 농담인 줄 알았다. 그런데 알고 보니 그 상사는 Mr. No로 통하는 사람이었다. 항상 모든 일에 'No'라고 대답한다는 것이다.

필자가 이런 이야기를 하는 것은 경영자들에게 모질게 굴려는 마음

때문이 아니다. 직원들의 창의력을 고의적으로 말살하려고 하는 경영자는 드물 것이다. 그들은 그저 어떻게 해야 창의력을 말살하지 '않을' 수 있는지 모르는 것뿐이다. 따라서 아래에 비즈니스 트레이너 줄리 헤이가 추천하는 효과적인 3단계 과정을 소개한다.

❶ 직원이 말한 내용을 다시 반복하라. 만일 직장에서 누군가가 당신에게 와서 파란색 박스를 모두 빨간색으로 칠하는 아이디어를 제안한다면 이렇게 말하면 된다. "그러니까 당신의 아이디어는 파란색 박스를 빨간색으로 칠하는 것이군요." 그러면 당신이 그 직원의 말을 귀담아 들었다는 점도 증명할 수 있다!

❷ 칭찬하라. 어떤 아이디어든 사실상 긍정적인 (또는 잠재적으로 긍정적인) 면이 있을 것이다. 설령 그것이 눈에 금방 띄지 않더라도 말이다. 만일 칭찬할 만한 사항을 발견하기 어렵다면 이렇게 말하면 된다. "혁신적인 아이디어처럼 들리는군요. 아무래도 빨간색으로 칠하면 노란색 박스와 구분하기 쉽겠죠."

❸ 가장 중요한 것은 할 말을 돌려서 말하는 것이다. 다시 말해, 머릿속에서 작은 목소리가 "말도 안 돼! 그런 건 돈이 많이 들어서 감당할 수 없어"라고 외치더라도 그대로 말하지 마라. 그러면 직원의 창의력을 꺾을 우려가 있는 만큼 똑같은 메시지를 말을 바꿔서 전달해야 한다. 이때 이런 식으로 말하면 된다. "이 아이디어를 실행하는 데 필요한 예산을 어디서 구할 수 있을지도 혹시 생각해 보셨습니까?"

이 접근법에는 큰 장점이 두 가지 있다. 한 가지는 직원들이 창의력을 동원하여 잠재적인 문제를 해결할 수 있도록 격려한다는 것이다. 그 직원이 자리로 돌아가 여러 가지 사항을 살펴 실제로 예산을 구할 방법을 찾을지도 모르기 때문이다. 다른 한 가지 장점은 직원들이 다음에 천재적인 아이디어를 떠올리면 당신을 찾아올 가능성이 커진다는 것이다. 그 아이디어야말로 진정한 돌파구일지도 모른다!

3. 다양성을 즐겨라

르네상스 시대의 피렌체에서 성행했던 문화가 가장 혁신적인 문화 중 한 가지라는 사실은 거의 틀림이 없다. 그 이유는 무엇일까? 르네상스 시대에는 레오나르도 다빈치와 같은 사람들이 박식하게 살아가는 일이 당연했기 때문이다(여러 분야에 관심이 있는 사람은 화가와 조각가뿐만 아니라 과학자, 음악가, 건축가 등을 겸할 수 있었다). 만일 당신의 조직 문화가 더 혁신적이길 바란다면 혁신이 다양한 사람, 부서, 관점, 아이디어의 풍족한 상호 교류에서 비롯되는 경우가 많다는 사실을 기억하라.

비즈니스의 귀재가 되기 위한 다음 단계

요약하자면 다음의 방법을 통해 혁신적인 조직 문화를 창조할 수 있다.

❶ 당신이 이끄는 기업에서 직원들에게 자유를 조금이라도 더 부여할 수 있는 효과적인 방법을 생각해보라. 직원들이 비즈니스의 귀재가 되지 못하면 기업은 "여기서 그런 일을 하실 수 없습니다!"라는 말이 난무하는 딱딱한 곳이 되고 말 것이다.

❷ 다른 기업이 이 분야에서 어떻게 뛰어난 모습을 보일 수 있었는지 살펴보라. 픽사, 버진, 3M, 이노센트의 사례를 통해 혁신적인 사고와 행동에 필요한 영감을 얻어라.

❸ 허락의 힘을 활용하라. 비즈니스 혁신의 황금률을 기억하라. "사람들은 안전한 방법을 고수하는 일을 멈출 수 있을 만큼 자신이 안전하다고 느껴야 한다."

❹ 다른 사람들을 비즈니스의 귀재로 양성할 수 있도록 계획을 세워라. 당신이 찾는 온갖 뛰어난 아이디어가 당신을 위해 일하는 사람들의 머릿속에 갇혀 있을지도 모르기 때문이다.

❺ 무한한 다양성을 목표로 삼아라. 르네상스 시대의 피렌체처럼 혁신적인 문화는 다양한 관점과 아이디어의 풍족한 상호 교류에서 비롯되는 경우가 많다.

명사의 명언

혁신이란 오늘의 규칙을 깨뜨리는 것이다.

−스티브 잡스(애플의 창립자 중 한 명)

협 동 심 을
키 워 라

비 즈니스의 귀재가 되는 길에 놓인 **열네 번째 걸림돌**은 **협동심이 부족한 것이다. 여기에는 두 가지 이유가 있다.**

❶ 직원들이 다른 사람들과 협동하는 '방식'에 충분히 신경 쓰지 않는다. 이는 갈등으로 이어지는 경우가 많다.
❷ 직원들이 다른 사람들과 협동하는 것 자체에 관심이 없다. 이는 기회를 놓치는 것으로 이어지는 경우가 많다.

두 번째 이유에 대해 자세히 살펴보자. 현실 세계에서 모든 사람이 다른 사람들과 협력할 기회를 두 팔 벌려 환영하지 않는다는 것은 놀랍지 않다. 시간이 많이 소요될 우려도 있거니와 짜증도 많이 날 수 있기 때문이다(모든 사항에 관해 끊임없이 모두의 의견을 물어야 한다면 시간이 너무 많이 걸릴 것이고, 다른 사람들이 "당신의 마당에 자신의 탱크를 세워 두는" 버릇이 있다면 짜증이 날 수밖에 없다).

그러나 협업이 원만하게 이루어질 때 기업이 얻는 이득은 모든 부분의 합을 훨씬 능가한다는 사실은 비즈니스의 귀재가 아니더라도 알 수 있다. 1904년에 처음 시작된 한 협업 사례를 살펴보자. 헨리 에드먼즈는 두 사람을 맨체스터에 있는 어느 호텔에서 서로에게 소개해 주었다. 한 명은 헨리 로이스라는 엔지니어였고, 다른 한 명은 찰스 롤스라는 사업가였다. 두 사람이 협동하여 만든 롤스로이스는 오늘날 이름을 들어보지 못한 사람이 없을 만큼 유명해졌다.

1837년에 처음 시작된 다른 협업도 살펴보자. 알렉산더 노리스는 사위 중 한 명이 다른 사위와 함께 일하면 좋을 것이라는 생각이 들었다. 한 명은 촛불을 전문적으로 만들던 윌리엄 프록터였고, 다른 한 명은 비누를 만들던 제임스 갬블이었다. 오늘날 두 사람의 합작품인 프록터 앤드 갬블은 비누, 세제 등을 판매하는 미국의 대표적인 가정용품 제조업체로 성장했다.

효과적인 협업은 비즈니스의 귀재다운 순간으로 이어지는 경우가 많다. 그런 순간은 그 사람들이 혼자의 힘으로는 이루지 못했을 것이다(엘튼 존과 버니 토핀, 막스 앤 스펜서, 심지어 콩코드도 효과적인 협동의 좋은 예다).

그러나 안타깝게도 협동 전문가 모르텐 핸슨은 "많은 리더가 오늘날의 경쟁적인 환경에서 성공적인 전략의 수행을 위해서는 기업 전반에 걸쳐 협력이 이루어져야 한다는 사실을 알고 있는데도" 불구하고 다리를 지키는 털이 많고 나이 든 괴물이 있어 어려움에 봉착한다고 지적한다. 이때의 괴물은 다름 아닌 사내 정치다.

기업 전체를 위해 좋은 일이 그 기업의 직원들에게도 언제나 득이 되는 것은 아니다. 그 결과 이는 온갖 종류의 비협동적인 행동으로 이어질 수 있다. 중요한 정보를 공유하지 않거나 전통주의자와 진보주의자들이 서로 다투거나 최악의 경우 직원 간의 신뢰가 무너져버릴 수도 있다.

협동심을 키우고 특정한 활동이나 프로젝트를 누군가와 함께 작업하고 싶다면 협력이 단순히 하나의 갈등 관리 방식이라는 사실을 깨닫는 것이 중요하다. 더 구체적으로 말하자면 협력은 케네스 토머스와 랠프 킬만이 1974년에 (토머스-킬만의 갈등 유형 분석 도구라는 리서치 툴을 통해) 제시한 다섯 가지 갈등 관리 방식 중 한 가지다.

❶ 경쟁하기: 링 안에서 승자와 패자가 정해지는 복싱 선수처럼.

❷ 타협하기: 양측 모두 조금 이기기도 하고, 조금 지기도 함.

❸ 협조하기: 한 사람이 이길 수 있도록 다른 사람이 양보함.

❹ 피하기: 양측 모두 궁극적으로 패하는 상황.

❺ 협력하기: 양측이 모두 승리하는 윈-윈 상황.

위의 내용은 당연한 이야기처럼 들릴지도 모르겠다. 조금 덜 당연한 이야기를 하자면 토머스-킬만 모델에 의하면 협력은 위의 갈등 관리 방식 중 '피하기'와 완전히 반대된다. 스칼릿 핌퍼넬처럼 일을 교묘히 피하는 사람과 협력하려고 해본 적이 있는가? 그것이 바로 효과적인 협업의 비결이 배척(상대방을 더 멀리 밀어내는 것)이 아니라 수용(직소 퍼즐 조각을 더 가까이 두는 것)인 이유다.

전설적인 록밴드 이글스가 1976년에 '호텔 캘리포니아'를 작곡했을 때 그 곡은 협업의 전형적인 예였다. 기타 리프는 기타는 잘 치지만 노래는 잘 못했던 돈 펠더가 만들었고, 펠더의 다듬어지지 않은 데모 테이프를 바탕으로 밴드 동료인 돈 헨리와 글렌 프레이가 곡에 살을 붙였다.

하지만 그것이 끝이 아니었다. 작곡과 녹음 방식이 발전하면서 펠더와 다른 기타리스트 조 월시가 곡의 끝에 악명 높을 만큼 긴 기타 솔로를 삽입했다. 두 사람이 라이벌 의식이 강해 서로 기타를 더 잘 치려고 하다 보니 기타 부분이 그렇게 길어진 것이다. 그 사건은 앞으로 벌어질 일의 전초전이었다.

이 일화는 협업이 항상 쉬운 것도 아니고 항상 평온하게 이루어지는 것도 아니라는 점을 보여준다. 1980년에 이글스가 미국에서 가장 유명한 밴드가 되었을 때 멤버들은 끊임없이 다투고 서로에게 적대적인 말을 퍼부었다. 결국 이글스는 해체했고, 멤버들의 사이가 하도 안 좋았던 나머지 팬들에게 자신들이 "지옥이 꽁꽁 얼 때나" 다시 함께 연주할 것이라고 밝혔다.

그래서 어떻게 됐을까? 14년 후 그들은 다시 한 번 협업하여 또 다른 인기 음반을 녹음했다. 음반명은 다름 아닌 'Hell Freezes Over(지옥이 꽁꽁 얼다)'였다. 이 얼마나 천재적인가!

유용한 조언과 탈출 전략

아래에 협동심을 키우는 데 도움이 될 만한 세 가지 실용적인 조언
과 전략을 소개한다.

1. 오렌지를 떠올려라

필자는 미국의 비즈니스 컨설턴트 밥 래핀에게서 갈등 해소에 관해
흥미로운 통찰력을 얻은 적이 있다. 래핀은 오렌지 하나를 두고 서
로 가지려고 계속 옥신각신하는 두 형제에 관한 이야기를 들려주었
다. 형제는 오랫동안 다투고 언쟁을 하다가 아빠에게 달려가 둘 중
누가 오렌지를 가져야 할지 결정해 달라고 부탁했다.

형제의 아빠는 어떻게 했을까? 아마 대부분의 아빠는 "반으로 잘
라!"라고 말했을 것이다. 이는 타협에 해당하며, 논리적이고 공평
하다. 하지만 이 아빠는 형제에게 왜 오렌지를 원하는지 물었다. 한
아이는 "엄마가 이거 제가 먹으면 좋다고 하셨어요. 비타민 C가 가
득 들어 있다고요"라고 답했고, 다른 아이는 "엄마에게 주황색 생
일 케이크를 만들어 드리고 싶어서요"라고 답했다. 그래서 아빠는
한 아이에게는 오렌지를, 다른 아이에게는 오렌지 껍질을 주었다.

이 이야기의 교훈은 이렇다. 비즈니스를 하다 보면 곧바로 타협안
을 제시하는 일이 매우 유혹적일 수 있다. 하지만 실제 문제가 무엇
인지 귀담아 들을 때에만 모든 정보를 갖춘 채 올바른 판단을 내릴
수 있다.

2. '창의적인 마찰'을 환영하라

이 조언은 실천하기 쉽지 않다. 사람들이 직장에서 당신의 신경을 긁거나 짜증나게 하면 그들과 협업하고 싶은 마음이 거의 안 들기 때문이다. 그러나 심리학에서는 창조적인 마찰이라는 현상이 있다. 이는 조직에서 약간의 마찰과 긴장이 결코 나쁜 것이 아니라는 점을 보여준다. 앞에서 살펴본 이글스의 사례로 잠깐 돌아가자면 이글스의 기타리스트 조 월시는 이런 말을 했다. "약간의 광기는 예술의 불길을 더 거세게 한다."

그러나 창의적인 마찰이 록 음악의 세계에만 한정된 것은 아니다. 이는 사실상 어느 비즈니스나 비즈니스 팀에든 해당될 수 있다. 창의적인 마찰 없이는 집단 사고에 빠질 위험이 있기 때문이다. 집단 사고는 심리학자 어빙 재니스가 1970년대에 고안한 개념이다. 이는 간단히 말하자면 사람들이 문제 해결보다 합의를 더 중시할 때 발생한다.

집단 사고의 가장 대표적이고 비극적인 사례는 NASA 챌린저가 폭발한 사건이다. 사건이 일어나고 나서 조사해보니 그 프로그램의 작업에 참여했던 많은 직원이 일부 기술적인 안전 문제에 관해 '조용히 걱정'했었다는 사실이 밝혀졌다. 그런데도 다른 사람들과 함께 있을 때는 언급하지 않은 것이다. 트러블 메이커처럼 보이거나 우주로 가는 그토록 긍정적이고 선구적인 여정에 부정적인 영향을 주는 사람처럼 보이기 싫었기 때문이다.

따라서 다른 사람들과 협력할 때 그들이 생각만 하고 말로 전달하지 않는 내용이 무엇인지 알아봐야 한다. 실제와 달리 상황이 더할 나위 없이 좋은 것처럼 행동하는 일은 장기적으로 그 누구에게도 도움이 되지 않는다.

3. 협업에 대해 '현실적으로' 생각하라

협동 훈련 프로그램의 가장 아이러니한 면 중 한 가지는 그런 자리에 나타나는 사람들은 이미 협동심이 어느 정도 있다는 것이다. 바빠서든 갑자기 일이 생겨서든 그런 프로그램에 참석하지 않는 사람들이야말로 협동 훈련을 받을 필요가 있다. 중요한 것은 우리가 협업에 대해 이상적으로 생각하지 말고 현실적으로 생각해야 한다는 것이다.

핵심은 우리가 다른 사람들이 강제로 협력하도록 만들 수 없다는 것이다. 설령 그러고 싶더라도 말이다. 물론 온갖 도구, 기술, 통찰력을 동원하여 열심히 시도해 볼 수는 있겠지만 그들이 협력하길 원하지 않는다면 시도는 실패로 끝나고 말 것이다. 따라서 협업 중 우리가 맡은 부분에서 어떤 차이를 이끌어낼 수 있는지에 초점을 맞추는 편이 낫다. 그것이 협업의 전반적인 역학에 영향을 미치는 데 도움이 될 수 있기 때문이다.

그러나 양측 모두 협동하려는 마음이 적다면 각자의 길을 가는 편이 낫다는 사실을 수용해야 할 때도 있다. 예를 들어, 1940년대 후반에 독일의 헤르초게나우라흐, 바바리아의 작은 마을에서는 두 형제가 단순히 오렌지를 두고 싸우지 않았다. 그들은 함께 운영하는 사업에 관해 협업하길 어려워했다. 그래서 어떻게 됐을까? 아돌프 다슬러는 아디다스를 설립했고, 루돌프 다슬러는 길 건너에 푸마를 설립했다!

비즈니스의 귀재가 되기 위한 다음 단계

요약하자면 다음의 방법을 통해 협동심을 키울 수 있다.

❶ 협력이 단순히 갈등 관리 방식 중 한 가지라는 사실을 기억하라. 경쟁하기, 타협하기, 협조하기, 피하기와 같이 상황에 따라 효과가 좋을 수도 있고 나쁠 수도 있다.

❷ 협업이 얼마나 놀라운 차이를 낳을 수 있는지 살펴보라. 롤스로이스, 프록터 앤 갬블, 레논과 매카트니, 만화 '아스테릭스'를 탄생시킨 고시니와 우데르조의 사례를 기억하라. 이는 당신 역시 역동적으로 협업하는 데 필요한 영감을 불어넣을 것이다. 전체가 모든 부분의 합보다 훨씬 뛰어나다는 사실을 잊지 마라.

❸ 수용의 힘을 활용하라. 사람들이 스칼릿 핌퍼넬처럼 일을 교묘하게 피할 때 협업이 좋은 효과를 거두기는 대단히 어렵기 때문이다.

❹ 사람들과 벌어진 사이를 다시 좁힐 수 있도록 계획을 세워라. 항상 효과가 있는 것은 아니지만 이글스의 경우 1994년에 마침내 재결합하는 데 성공했다.

❺ 오렌지를 목표로 삼아라. 아니면 적어도 앞에서 들려준 오렌지에 관한 일화를 기억하라. 비즈니스를 할 때 빠른 타협안을 위해 돌진하는 것이 가장 손쉬운 선택사항일지도 모르지만 그것이 항상 가장 현명한 방법은 아니라는 사실을 상기하는 데 도움이 될 것이다.

명사의 명언

모두가 앞으로 함께 전진한다면
성공은 저절로 찾아올 것이다.

−헨리 포드(포드 모터사의 창립자)

리더십

능력을

키워라

비즈니스의 귀재가 되는 길에 놓인 **열다섯 번째 걸림돌**은 **리더가 발휘하는 리더십이 사람들에게 영감을 불어넣지 못하는 것이다.**

옛날에는 상사가 모든 일의 책임자였고, 다른 직원들은 직업이 있다는 것 자체를 큰 다행으로 여겨야 했다. 그것이 전부였고 리더십에 대해 신경 쓸 필요는 없었다.

하지만 오늘날은 사정이 달라졌다. 리더십이 사람들에게 영감을 불어넣는 것이 그 어느 때보다도 중요해졌다고 투자 관련 TV 프로그램 '드래곤스 덴'의 데버러 미든은 말한다.

> **"리더의 일은 사람들에게 영감을 불어넣는 것입니다!"**

그런데 안타깝게도 사람들에게 영감을 주는 일이 많은 리더에게 자연스러운 활동이 아니다. 그들이 기술적으로 뛰어나고 재정 문제에 대해 약삭빠르더라도 직원들의 헌신을 얻는 일에는 훨씬 숙련되지 못한 경우가 많다.

그렇다면 『어떻게 따르게 만들 것인가』의 저자 케빈 머리의 말처럼 어떻게 해야 "그들을 함께 데려갈 수 있을까?" 많은 경우 리더는 '해야' 하는 일보다 '하지 말아야' 할 일에 신경을 더 써야 한다.

예를 들면, 사람들에게 영감을 주는 리더는 상세한 것까지 일일이 관리하지 않고, 남의 공을 가로채지 않으며, 창의력을 말살하지도 않는다. 또한 패하는 상황에 대해 논하거나 결정을 내리지 못하고 머뭇거리거나 진실하지 않은 행동으로 직원들이 자신에게서 멀어지게 하지 않는다.

필자의 친구이자 리더십 전문가인 코이 뚜(『슈퍼팀』의 저자)는 이렇게 설명한다.

"리더가 다음의 네 가지 질문에 대답을 하지 못하면 추종자를 쉽게 잃을 수 있다.

❶ 우리가 지금 어디에 있습니까?
❷ 우리는 어디로 가고 있습니까?
❸ 우리가 거기에 왜 가고 있습니까?
❹ 거기까지는 어떻게 갈 수 있습니까?"

다시 말해, 방향을 정하고 인재를 양성하고 관리하는 일은 리더의 몫이며, 리더가 해야 할 가장 중요한 일은 성공할 수 있는 환경을 조성하는 것이다! 그러나 제아무리 사람들에게 영감을 많이 불어넣는 리더라도 마법사가 아니라는 사실을 기억해야 한다(후광 효과 때문에 그렇게 보이더라도 말이다).

리더는 함께 일하는 사람들에게서 최고의 모습을 이끌어내도록 옆에서 도울 수밖에 없다. 짐 콜린스가 『좋은 기업을 넘어 위대한 기업으로』에서 언급하듯이 "위대한 사람들 없이 위대한 버전은 아무

소용도 없기" 때문이다.

아이젠하워 대통령은 리더십을 "당신이 원하는 일을 다른 사람들이 원해서 하도록 만드는 것"이라고 정의했다. 그러나 리더십이 대기업의 CEO에게만 해당하는 것이 아니라는 점을 잊지 마라! 리더십 전문가 프레드릭 아르난더는 이렇게 말했다.

> "우리는 모두 리더다. 리더십은 지위가 아니라 사고방식이기 때문이다."

그것이 바로 우리가 조직에서 공식적인 리더(역할상 책임과 권위가 있는 리더)가 아니더라도 사고방식의 측면에서 리더(개인적으로 책임과 권위가 있는 리더)가 될 수 있다는 사실을 기억해야 하는 이유다.

재미있는 토막 정보

켄 블랜차드는 지난 수십 년 동안 리더십에 관한 가장 권위 있는 전문가 중 한 명으로 인정받아왔다(그는 『1분 경영』과 『상황대응 리더십 2 바이블』을 집필하기도 했다). 그는 경영자가 직원들이 실수할 때를 기다렸다가 크게 비난하기보다는 그들이 옳은 일을 할 때 곧바로 칭찬하는 아이디어를 옹호한다. 그보다 어쩌면 더 중요한 것은 블랜차드가 '상황적 리더십'이라는 개념을 고안한 인물 중 한 명이라는 것이다.

이 개념은 오랫동안 널리 알려진 만큼 한 번쯤 들어봤을지도 모르겠다. 여기서는 간단히 다루고 넘어가도록 하자. 역사적으로 사람들은 특정한 개인이 리더십을 타고난다고 생각했다. 그러나 1970년대에 폴 허시와 켄 블랜차드는 이런 관점에 이의를 제기했다. 그들은 우리 모두에게 리더십 자질이 있으며 상황에 따라 다양한 스타일의 리더십이 필요하다고 주장했다. 처칠의 경우 제2차 세계대전 중에는 훌륭한 리더로 존경받았지만 전쟁이 끝나고 나자 공직에서 해임될 정도로 그의 리더십 스타일이 효과를 발휘하지 못했다.

상황적 리더십에 따르면 직장에서 누가 어떤 일을 하든 그 사람의 능력과 태도(헌신)는 각기 다를 수밖에 없다. 따라서 훌륭한 리더는 그에 맞게 리더십 스타일을 조정할 줄 알아야 한다. 신입사원은 태도는 좋아도 일하는 능력은 부족할 수 있다. 무엇을 해야 할지는 모르지만 배울 의향은 분명히 있는 것이다. 이런 경우 그 직원은 꾸준한 방향 지시와 안내가 필요하다. 반면 똑같은 일을 수백 번 해본 직원은 일은 잘하더라도 태도가 불량할 수 있다. 이런 경우에는 일을 다른 직원에게 위임하는 편이 나으며, 일이 어떻게 진행되고 있는지 가끔 물으면 된다.

중요한 것은 상황에 따라 각기 다른 형태의 리더십이 필요하다는 것이다. 만일 방향 지시가 많이 필요한 직원을 리더가 너무 멀리 떨어져서 이끌려고 한다면 그 직원은 버림받았다고 느끼고 힘든 일에 내몰렸다는 생각을 떨치기 어려울 것이다. 반면 일을 위임해야 할 만큼 그 일에 대해 잘 아는 직원을 리더가 너무 가까이서 이끌려고 하면 그 직원은 상사가 꼬치꼬치 캐묻는다고 느끼고 자신의 영향력이 약해졌다고 생각할 우려가 있다.

아래에 리더십 능력을 키우는 데 도움이 될 만한 세 가지 실용적인 조언과 전략을 소개한다.

1. 자기인식을 높여라

1900년대 초만 하더라도 독재적인 리더십이 일반적이었고, 테일러리즘이라는 과학적인 경영 방법이 만연해 있었다. 그래서 당시에는 자기인식이 경영자가 할 일의 우선순위에서 한참 밀려 있었다. 리더는 지시사항을 전달하고, 직원들은 그것을 수행하면 그만이었다.

하지만 앞서 살펴봤듯이 사람들의 눈에 쉽게 노출되는 현대에는 갈수록 비즈니스 리더의 대인기술이 좋아야 한다. 그래야 직원들에게 영감을 불어넣고 영향을 미치며 혁신을 위한 환경을 조성할 수 있다. 학술 용어로 설명하자면 현대의 리더는 거래적 리더십 기술뿐만 아니라 변혁적 리더십 기술도 함께 갖춰야 한다.

하지만 여러 연구에 의하면 대인기술을 향상하는 최고의 방법 중한 가지는 단순히 우리의 자기인식을 높이는 것이다. 런던경영대학교의 롭 고피 교수와 가레스 존스 교수는 위대한 리더들을 위대하게 만드는 것이 무엇인지 연구하는 데 수년을 투자했다. 그 결과 이런 결론을 얻었다.

> **"리더십은 자신에게서 시작된다. 자신에 대해 조금이라도 알지 못하면 리더로서 성공하지 못할 것이다."**

더 중요한 것은 『팔로워의 마음을 훔치는 리더들』에서 고피와 존스가 리더십의 비결에 대해 "자기 본연의 모습에 가까워지고, 그 위에 기술을 얹으면 된다"라고 주장한다는 점이다. 자기인식은 한 번 하고 끝내는 활동이 아니라는 것이다.

(INSEAD 경영대학원에서 리더십 및 코치 방법을 가르치는 겸임 교수인) 그레이엄 워드는 최근에 필자에게 이런 말을 했다. "위대한 리더십은 자기계발과 자기관리를 평생 하는 과정입니다. 간단히 말해서 자신에게 노력을 기울이지 않으면 노력을 기울이는 리더들에게 뒤처질 겁니다."

2. 솔선수범하라

사람들에게 영감을 주는 리더십을 그 무엇보다도 쉽게 무너뜨리는 것은 바로 위선이다. 즉 사람들은 직장에서 "내가 행동하는 대로 하지 말고 내가 말하는 대로 하라"라는 식의 리더십을 경멸하는 경우가 많다.

만일 연례 회의에서 왜 사업이 현재 어려움을 겪고 있는지(그리고 임원들의 보너스 지급이 왜 당분간 중단되어야 하는지)에 대해 이야기할 준비를 하면서 새로 구입한 호화 승용차를 회의장 앞에 주차한다면 어떤 메시지를 전달하게 될 것 같은가?

이와 마찬가지로 당신의 사무실 문이 언제나 열려 있다고 직원들에게 말해 놓고는 감히 당신을 보러 오는 사람에게 화를 낸다면 아무도 그것이 당신이 진심으로 한 말이라고 믿지 않을 것이다.

최근에 진실한 리더십이 각광받고 있는 추세라는 점을 기억하라. 진실한 매력이 사람들에게 통하는 시대다. 따라서 당신이 직원들에게 하는 말(당신의 사회적 메시지)이 당신이 진정으로 하려는 말(당신의 심리적 메시지)과 일치해야 한다.

3. 직원들을 아껴라

좀 간지럽게 들릴지도 모르겠지만 이는 매우 중요한 조언이다. 필자는 얼마 전에 (전 영국 특수부대 리더인) 조너선 쇼 소장과 이야기를 나눌 일이 있었다. 그는 옥스퍼드대학교에서 리더십에 관해 강연을 하고 있었다.

그의 핵심 메시지 중 한 가지는 사람들에게 영감을 주는 리더가 되고 싶다면 기업의 순이익에만 신경 쓰지 말고 그들을 진정으로 아껴야 한다는 것이다. 직원들을 잘 다루면 이익은 저절로 따라오기 때문이다.

쇼의 말처럼 "리더십은 본질적으로 사람들을 창의적으로 다루는 것이다." 사람들에게 영감을 주는 리더는 그들을 진정으로 아끼고 그들이 더 많은 것을 성취하도록 돕는 데 자부심을 느끼는 사람들이다. 피터 드러커는 다음과 같은 말을 했다.

"리더십은 사람의 비전을 더 높이 끌어올리고, 사람의 성과를 더 높은 수준으로 끌어올리며, 일반적인 한계를 뛰어넘어 성격을 형성하는 것이다."

비즈니스의 귀재가 되기 위한 다음 단계

요약하자면 다음의 방법을 통해 리더십 능력을 키울 수 있다.

❶ 사람들에게 영감을 주는 리더십에서는 리더가 '해야' 하는 일만큼이나 '하지 말아야' 할 일도 중요하다는 사실을 잊지 마라. 리더는 상세한 것까지 일일이 관리하지 않고, 남의 공을 가로채지 말아야 한다. 또한 창의력을 말살하거나 패하는 상황에 대해 논해서도 안 된다.

❷ 여러 리더 중 긍정적인 역할 모델을 찾아라. 그래야 그들이 다른 사람들을 이끌고 앞으로 나아간 비결을 알아낼 수 있다.

❸ 방향 지시에 담긴 힘을 활용하라. 코이 뚜가 언급하듯이 리더는 그들이 지금 어디에 있고, 어디로 가는 중이며, 거기에 왜, 그리고 어떻게 갈 것인지 확실하게 알지 못하면 추종자를 쉽게 잃을 수 있다.

❹ 자기인식을 개선하고 발전시킬 수 있도록 계획을 세워라. 자기인식에는 끝이 없으며, 그레이엄 워드 교수가 언급한 것처럼 "자신에게 노력을 기울이지 않으면 노력을 기울이는 리더들에게 뒤처질 것이다."

❺ 직원들의 비전을 더 높이 끌어올리는 것에 초점을 맞춰라. 이를 위해서는 직원들에게 진정으로 관심을 보이고, 그들이 평범함을 뛰어넘어 비범함을 보일 수 있도록 능력을 부여해야 한다.

우리 모두 다음 세기를 내다볼 때
다른 사람들에게 능력을 부여하는 사람이
리더가 될 것이다.

−빌 게이츠(마이크로소프트의 창립자)

얼마나 높이? 얼마나 멀리?

존 록펠러(1839~1937)

여태까지는 비즈니스의 귀재가 되는 데 필요한 여러 가지 긍정적인 능력에 대해 살펴보았다. 하지만 이제는 비즈니스의 귀재들이 저지르는 실수에 대해서도 알아보자. 귀재들도 너무 멀리 나아가거나 '대단함'과 '지나침' 사이의 선을 넘을 때가 있다.

이제부터 비즈니스의 귀재가 되는 길을 걸을 때 조심해야 하는 일곱 가지 사항을 소개한다. 비즈니스 작가 롭 파슨스가 경고하듯이 특히 당신의 최종 목표가 "인생에서 실패하지 않으면서도 비즈니스에서 성공하고 싶은 것"이라면 더 주의 깊게 살펴보길 바란다.

1. 지나친 효율성

효율성의 향상은 비즈니스의 세계에서 항상 대단히 가치 있게 여겨져 왔다. 효율성 덕택에 경영자는 더 적은 것으로 더 많은 일을 이룰 수 있다. 공항의 줄이 짧아지고, 느린 IT 시스템이 빨라지고, 배달이 제 시간에 도착하는 것이다.

하지만 비즈니스의 귀재가 너무 효율적으로 움직이면 어떤 일이 벌어질까? 그러면 그 리더는 무정하다는 소리를 들을 것이다. 다시 말해, 리더가 야망이 너무 커진 나머지 생산량은 최대화하고 자원은 최소화하려고 하면 무자비하게 변하고 만다. (호주의 억만장자 케리 패커가 언급했듯이) 칭기즈칸은 "굉장히 효율적"이었지만 "딱히 사랑스러운" 사람은 아니었다. 그런 의미에서 스탠더드 오일의 창립자

존 록펠러에 대해 살펴보자.

작가 스티븐 하워스에 의하면 록펠러는 "보잘것없는 직원이자 회계 장부 담당자"로 일을 시작했다. 하지만 무자비한 효율성(예: 꼼꼼한 회계+인정사정없는 방법) 덕택에 그는 오하이오 주에 거점을 둔 스탠더드 오일의 주인이 되었을 뿐만 아니라 역사상 제일가는 부자가 되기도 했다(그는 빌 게이츠보다 20배나 부유하다!).

하지만 그가 치른 대가는 무엇이었을까? 소문에 의하면 록펠러가 경쟁자들에게 큰 스트레스를 안기는 바람에(그는 경쟁자들이 파산하거나 자신에게 팔 때까지 기다리곤 했다) 많은 사람이 자살하고 그들의 가족이 궁핍 속에 내던져졌다. 훗날 록펠러는 여러 자선 단체에 5억 달러를 기부하며 자신의 실수를 만회하려는 노력을 보였다. 하지만 그가 1937년에 세상을 뜨기 얼마 전에 헨리 포드에게 "천국에서 봅시다"라고 말했을 때 돌아온 대답은 이랬다. "당신이 천국에 들어갈 수 있으면요."

▍ 어떻게 피할 수 있을까?

지나친 효율성을 피하고 싶다면 비즈니스에서 최고가 되기 위해 노력하는 것은 아무 문제도 없지만 "인간성을 잃지 않는" 것도 중요하다는 사실을 기억해야 한다. 이는 전 뉴욕 시장 루돌프 길리아니가 『리더십Leadership』에서 제시하는 조언이다.

2. 지나친 부유함

돈은 중요하다. 직업이나 가치관이 무엇이든 그것을 모르는 사람은 없다. 돈으로 항상 행복을 살 수 있는 것은 아니지만 돈이 "더 쾌적한 형태의 고통"을 안겨 주는 장점은 있다. 이는 코미디언 스파이크 밀리건이 즐겨 하던 말이다.

하지만 돈이 너무 중요해지면 어떻게 될까? 그러면 우리와 우리의 가족을 부양하는 건강한 부유함이 갑자기 욕심으로 변해버릴 우려가 있다!

1500년대에 엘도라도를 찾아 떠난 스페인 정복자들에 대해 생각해 보라. 역사학자 마이클 우드는 『정복자Conquistadors』에서 에르난 코르테스가 아즈텍 왕국(현 멕시코)을 정복하러 가기 전에 이미 "쿠바에서 가장 부유한 남자 중 한 명"이었다고 지적했다. 프란시스코 피사로 역시 잉카 제국(현 페루)의 재물을 약탈하러 떠나기 전에 돈이 부

족한 상황은 아니었다.

하지만 코르테스와 피사로, 그리고 좋은 무기로 무장한 그들의 오합지졸은 더 많은 것을 원했다! 훨씬 많은 것을 원했던 것이다! 이것이 바로 우드가 언급한 것처럼 잉카 제국의 수장이 다음과 같은 말을 남긴 이유다. "안데스 산맥에 있는 눈이 모두 금으로 변한다고 해도 그들은 만족하지 못할 것이다."

▌ 어떻게 피할 수 있을까?

지족(知足)하는 법을 배워라. 이는 필자가 타이센 데시마루가 선에 대해 쓴『길의 고리The Ring of the Way』에서 처음 접한 말이다. 지족은 간단히 말해서 만족할 때를 아는 것이다. 지족할 줄 모르면 우리가 설령 으리으리한 궁전에서 잠을 자더라도 가진 것에 절대로 만족할 수 없다. 데시마루는 책에서 이런 점을 분명하게 강조한다. "만족하지 못하는 사람은 부자라도 언제나 가난하게 느낄 것이다."

3. 지나친 자존심

자존심이 없었다면 세계 최정상의 기업 중 다수가 오늘날 존재하지 않았을 것이다. 또한 세상에서 가장 높은 건물도 대부분 건설되지 않았을 것이다.

하지만 누군가의 자존심이 끝없이 커지기 시작하면 어떤 일이 벌어질까? 그때는 그 사람이 이기적으로 변할 우려가 있다. 영화 '갬빗'(1966년의 고전을 리메이크한 작품)에서 앨런 리크먼이 연기한 억만장자 샤번다는 커다란 광고판에서 새로 출간된 자서전을 자랑스럽게 들고 있다. 그 책의 제목이 무엇일까? 바로 '나'다!

이기주의자들은 자신을 우주의 중심에 두고 "혼자 출세한 사람들의 성공 스토리는 근거 없는 미신"이라는 사실을 잊어버리길 택한다. 존 어데어 교수가 말하듯이 "우리는 모두 다른 사람들에게 의지하고, 그들 역시 우리에게 의지한다."

하지만 나르시시스트를 비난하기 전에 다음과 같은 점에 대해 생각해보자(나르시시스트들은 적어도 람세스 2세 시절부터 항상 존재해왔다). 우리는 비즈니스의 세계에서 자존심이 매우 강한 사람들이 자신을 너무 많이 사랑한다고 가정하기 쉽다. 그러나 임상 심리 요법에 따르면 오히려 그 반대가 진실에 훨씬 가깝다. 자존심이 대단히 강한 사람들은 자신을 충분히 사랑하지 않으며, 그것이 바로 문제다. 그들은 내면의 공허함을 보상하기 위해 끊임없이 노력한다. 그리고 연약한 자존심에 힘을 보태기 위해 사람들의 관심, 아첨, 트로피와 같은 성과물을 늘 갈구한다.

▌ 어떻게 피할 수 있을까?

자존심이 지나치게 강해지지 않으려면 우리 모두 숨겨진 결점이 있다는 사실을 기억하며 땅에 굳건히 발을 붙여야 한다. 게다가 로도스 섬에 있는 콜로서스 조각상(고대의 불가사의 중 하나로 꼽힘)이 기원전 224년에 지진이 났을 때 무너졌고, 1762년에 설립된 베어링 은행이 닉 리슨이라는 직원의 투자 사기로 1995년에 파산한 것을 떠올리면 우리가 그렇게 대단하거나 막강한 것은 아닐지도 모른다.

따라서 워런 버핏처럼 자신감 있는 겸손함을 위해 노력하는 편이 낫다. 버핏은 엄청난 비즈니스 성과를 올렸는데도 자존심이 하늘을 찌르도록 내버려두지 않았다.

4. 지나친 의욕

랠프 월도 에머슨(미국 시인, 에세이 작가, 철학자)은 "의욕 없이 이루어진 위대한 일은 아무것도 없다"라는 말을 남겼다. 하지만 누군가가 비즈니스를 하면서 의욕이 과해지면 어떤 일이 벌어질까? 그때는 그 사람이 착각에 빠지고 만다.

예를 들어, 1848년 1월 24일에 일어난 골드러시 사건을 살펴보자. 제임스 마셜은 캘리포니아 주 콜로마에서 금을 조금 발견했다. 그랬더니 의욕이 넘치는 수천 명의 사람이 모든 것을 버리고 금을 찾으러 왔다. 부인과 아이들을 두고 온 사람들도 있었다. 하지만 그들 중 대부분은 금을 찾지 못했다.

그리스 신화 중 이카로스의 이야기도 여기에 해당한다. 이카로스는 아버지 다이달로스가 새의 깃털로 만들어준 날개를 달고 하늘로 날아올랐다. 그런데 높이 날려는 의욕이 너무 강한 나머지 태양에 가까이 가면 날개의 밀랍이 녹을 것이라는 아버지의 거듭된 충고를 잊고 말았다!

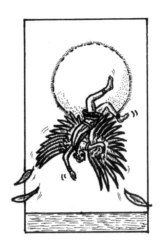

『백경』의 주인공 에이햅 선장의 경우는 또 어떤가. 그는 고래의 공격으로 다리 하나를 잃은 후 그 고래를 잡기 위해 의욕을 불태운다. 고래를 찾기 위한 에이햅의 편집광적인 노력은 결국 그와 그의 배 피쿼드호, 그리고 선원 대부분의 파멸로 이어진다.

따라서 의욕이 비즈니스의 귀재에게 반드시 필요한 요소임에는 분명하지만 의욕이 너무 앞서지 않도록 균형 잡힌 시각을 유지해야한다. 그렇지 않으면 너무 무모하게 위험을 각오하거나 더 어려운 상황에 처했을 때 움직일 군대가 없는데도 군데를 움직이라고 지시할 우려가 있다.

▌ 어떻게 피할 수 있을까?

의욕이 과해지는 것을 막으려면 현실적이지 않은 큰 꿈은 망상이나 마찬가지라는 사실을 기억해야 한다. 따라서 코비의 말처럼 의욕과

현실의 균형을 맞추고, 성공의 사다리를 올라가되 그 사다리를 제대로 된 벽이 지탱하고 있는지 확인하라!

5. 지나친 잠식

비즈니스의 세계에는 언제나 제국을 건설하는 사람들이 있다(동인도 회사의 경우 세계 무역의 약 50퍼센트를 잠식했었다). 하지만 잠식이 지나치면 어떤 일이 벌어질까? 그러면 비즈니스의 귀재가 시장을 정복하느라 너무 바쁜 나머지 그것을 왜 정복하는지 잊어버리고 만다.

알렉산더 대왕의 경우를 생각해보라. 그는 25세의 나이에 이미 마케도니아의 영토를 알아보지 못할 정도로 넓게 확장했고 9천600킬로미터에 달하는 영토를 다스렸다! 그뿐 아니라 70개의 도시 이름을 자신의 이름을 본 따서 짓도록 명령하기도 했다(이는 알렉산더 대왕이 자존심 또한 지나쳤다는 것을 알려주는 대목이다!). 그렇다면 그는 평생 아

테네를 과연 몇 번이나 방문했을까? 딱 한 번 방문했다!

다이아몬드 회사 드비어스를 창립한 세실 로즈(1853~1902)의 경우는 또 어떤가? 로즈의 과도한 야망은 케이프타운에서 카이로까지 긴 철도를 건설하는 것에서 그치지 않았다. 그는 이런 말을 하기도 했다. "할 수만 있다면 여러 행성도 합병할 겁니다!"

▌ 어떻게 피할 수 있을까?

지나친 잠식을 피하려면 당신이 하고 있는 일에만 신경 쓰지 말고 그 일을 하는 이유에 대해서도 꾸준히 생각해야 한다. 짐 콜린스는 『위대한 기업은 다 어디로 갔을까』에서 여러 기업이 이런 사실을 잊고 있다고 지적한다.

실제 이유가 적대적인 인수 등을 통해 더 많은 자원을 정복하고 합병하는 것뿐 아니라 더 의미 있는 유산도 남기는 것이라면 더 나은 방법이 수도 없이 많다는 점을 명심하라.

6. 지나친 융통성

필자는 비즈니스에서 수평적 사고의 중요성과 그런 사고방식이 불러올 수 있는 상업적인 이득 및 성과 향상을 오랫동안 강조해왔다. 하지만 비즈니스의 귀재가 수평적인 사고를 지나치게 자주 하거나 규칙을 변칙 적용하는 데 너무 융통성이 생기면 어떤 일이 벌어질까?

그러면 귀재가 도덕적인 선을 넘어 부정직해질 우려가 있다. 위대한 개츠비, 로버트 맥스웰, 버니 메이도프, 전 투르 드 프랑스 챔피언 랜스 암스트롱 등은 양심에 따라 일을 하는 데 실패했다.

물론 엔론의 사례도 잊지 못할 것이다. 엔론은 융통성을 전혀 다른 수준으로 끌어올려 "역사상 최고의 화이트칼라 범죄"라는 평가를 받았다. 미국에서 규모가 일곱 번째로 큰 이 기업이 2001년에 파산한 이야기는 너무 잘 알려져 있어서 반복할 필요가 없을 것이다(엔론의 가치가 무려 700억 달러였던 시절이 있었다).

하지만 아이러니한 면은 바로 이것이다. 대부분의 기업은 기업이 내세우는 비전이나 캐치프레이즈에 부응하지 못해 강한 비판을 받는다. 그러나 엔론의 경우 그런 기대에 부응한 것이 문제였다! 그들이 내세운 캐치프레이즈는 무엇이었을까? 바로 "무한한 가능성"이었다.

▌ 어떻게 피할 수 있을까?

지나친 융통성을 피하려면 비즈니스를 하면서 약간의 희생은 그만한 가치가 있을지 몰라도(앞서 소개했듯이 빌 게이츠는 마이크로소프트의 창립을 돕느라 20대를 통틀어 단 하루도 쉬지 않은 것으로 유명하다) 자신의 진실성을 희생하는 것은 그럴 가치가 있는 경우가 드물다는 사실을 기억해야 한다. 미디어의 귀재 오프라 윈프리는 이런 말을 했다. "진정한 진실성은 옳은 일을 하는 것이다. 당신이 그 일을 실제로 했는지 하지 않았는지 아무도 모르더라도 말이다."

7. 지나친 시기심

마지막으로 지나친 시기심에 대해 간단히 살펴보자. 약간의 친근한 라이벌 의식이나 건강한 경쟁은 비즈니스에서 문제가 되지 않는다. 하지만 그것이 도를 넘으면 어떤 일이 벌어질까? 미켈란젤로가 겪은 경험을 살펴보면 이해가 쉬울 것이다.

작가 브루노 나르디니는 『미켈란젤로Michelangelo: Biography of a Genius』에서 미켈란젤로의 숙적인 브라만테가 미켈란젤로의 재능과 성공을 크게 질투했다고 언급한다. 브라만테가 얼마나 질투가 심했느냐면

율리우스 교황에게 시스틴 성당의 천장에 그림을 그리는 일에 미켈란젤로를 추천했을 정도다. 그 이유는 무엇이었을까? 미켈란젤로의 주 직업은 화가가 아니라 조각가였다. 그래서 브라만테는 미켈란젤로가 "자신의 전문 분야가 아닌 예술"에 도전하여 별 볼일 없는 작품을 만들어 창피를 당하길 바랐다.

하지만 잘 알다시피 성당 천장의 그림이 반쯤 완성되었을 때 미켈란젤로는 모두를 놀라게 했다. 그가 그림에 어느 정도의 진전이 있었는지 공개했을 때 특히 브라만테가 크게 놀랐다. 아직 완성되지 않았던 그림인데도 그것이 천재가 그린 그림이라는 점에 모두가 동의했다. 그 덕택에 미켈란젤로는 오늘날 "당대 최고의 조각가"로 인정받을 뿐만 아니라 "당대 최고의 화가"에도 근접하고 있다.

하지만 그것이 이 이야기의 끝일까? 브라만테는 미켈란젤로의 그림을 보고 감탄하고 그를 존경했을까? 전혀 아니었다. 그의 질투심은 깊어지기만 했다. 브라만테는 "라파엘이 천장의 나머지 반을 마저 그리도록 교황을 설득"하려는 노력도 보였다. 그는 질투에 눈이 멀어 미켈란젤로가 더 이상의 칭찬이나 인정을 받지 못하도록 온갖 일을 꾸몄다.

▐ 어떻게 피할 수 있을까?

지나친 시기심(이나 직업적인 질투)을 피하고 싶다면 자신의 모습을 가치 있게 여기는 방법을 배워라. 그러면 더 관대해지고, 다른 사람들에게서 위협을 받는다고 느끼는 대신 그들의 성과에 마음이 더 풍요로워질 수 있을 것이다. 더 중요한 것은 앨프레드 테니슨 경이 "똑똑한 사람"이라고 불렀던 사람이 된다는 점이다. '다른 사람들을 아래로 잡아끌고 대단히 높은 위치에 올라간 사람은 한 명도 없기 때문이다.'

물론 지금까지 소개한 일곱 가지 사항이 주의해야 할 사항의 전부는 아니다. 하지만 이 정도 두께의 책에서 이만큼 알아봤으면 나쁘지 않은 것 같다. 이제 마지막으로 당신을 비즈니스의 귀재로 만들어줄 천재적인 아이디어에 대한 세 가지 잘못된 생각에 대해 알아보자.

포인트 1. 천재적인 아이디어가 항상 복잡할 필요는 없다

앞서 살펴봤듯이 비즈니스의 귀재는 다음의 세 가지 활동에 능숙한 사람이다.

똑같은 것을 다르게 보기

제프 베조스는 1990년대에 인터넷이 급격하게 성장하고 있다는 사실을 눈치챘다. 그래서 매일 월스트리트에서 컴퓨터 분석가로 일하던 것을 당장 그만두고 아마존을 설립했다.

앙드레와 에두아르 미쉐린은 1880년대 후반에 프랑스에서 농기구를 공급하는 일을 하고 있었다. 그러던 어느 날 가게 근처를 자전거로 배회하던 사람의 펑크 난 바퀴를 교체해 주면서 접착제가 굳기까지 너무 오랜 시간이 걸린다는 사실을 알아차렸다. 그래서 "분리할 수 있는, 공기가 가득한 타이어를 개발하여 15분 만에 수리를 마칠 수 있게" 했다. 이는 결국 전 세계적으로 운송업계에 혁명을 일으켰다. (정보 출처: 『슈퍼 브랜드Superbrands』)

전략을 다르게 세우기

조지아 웨지우드는 1700년대 중반에 영국 스태포드샤이어의 도예 공방에서 녹로공으로 일하려는 계획이 산산조각 났다는 사실을 깨달았다. 병으로 인해 다리 한쪽을 절단해야 했기 때문이다. 그래서 그가 도자기와 멀어졌을까? 아니다. 그는 더 똑똑한 전략을 세워 도자기 모형을 만드는 사람이 되기로 결심했다. 그 일을 위해서는 계속 서 있을 필요가 없었기 때문이다. 그 결과 웨지우드는 도자기를 만드는 대단히 창의적인 방법을 고안했고, 그의 자기 그릇은 전 세계적으로 유명해졌다.

노력을 다르게 하기

'화이트 크리스마스'의 천재적인 작곡가 어빙 베를린은 "재능은 그저 시작에 불과하다"라는 생각이 확고했다. 부지런한 아놀드 슈왈제네거의 경우 "양손을 주머니에 넣은 채로는 성공의 사다리를 올라갈 수 없다"라고 말했다. 아울러 전설적인 영화감독 조지 루카스는 이런 말을 남겼다. "열심히 일하는 것은 대단히 중요하다. 엄청

난 노력을 기울이지 않고서는 그 어떤 성공도 맛보지 못할 것이다."

포인트 2. 천재적인 아이디어가 항상 '클' 필요는 없다

비즈니스에 관한 사고와 행동을 약간 개선하는 것이 비즈니스 성과의 차이를 불러오는 경우가 더 많다. 다음의 예를 살펴보자.

▶ 커크패트릭 맥밀런은 1839년에 자전거에 페달을 다는 놀랍도록 간단한 아이디어를 고안했다.

▶ 메리 앤더슨은 1903년에 자동차 창문에 와이퍼를 장착하는 놀랍도록 간단한 아이디어를 고안했다.

▶ 사치 앤드 사치의 창작 팀은 1973년에 '아마도'라는 한 마디를 이용하여 맥주 판매를 돕는 놀랍도록 간단한 아이디어를 고안했다. 그 아이디어는 "칼스버그. 아마도 이 세상 최고의 라거 맥주"라는 유명한 슬로건의 영감이 되었다. 이 슬로건은 광고 역사상 가

장 성공적인 것 중 하나로 자리 잡았고, 만들어진 후 무려 38년
이라는 긴 시간 동안 쓰였다!

포인트 3. 천재적인 아이디어가 항상 지루할 필요는 없다

창의성은 지능이 즐거움을 경험하는 것이다.

−알베르트 아인슈타인(이론 물리학자)

결론: 위로, 그리고 앞으로

"새가 날 수 있으려면 알이 먼저 깨져야 한다."

－앨프레드 테니슨 경(계관 시인)

필자는 이 책을 통해 비즈니스의 귀재가 되는 것이 그 무엇보다도 마음을 끌어올리는 것이라는 점을 강조하고 싶었다. 이때 말하는 높이는 우리가 앞서 살펴본 것처럼 우리가 상황을 다르게 보고, 전략을 다르게 짜고, 노력을 다르게 하는 것에 바탕을 둔다.

당신이 어느 분야에 종사하든 직업적으로, 또 개인적으로 더 큰 성공을 누릴 수 있도록 이 책이 위로, 그리고 앞으로 나아가는 데 영감을 주길 바란다.

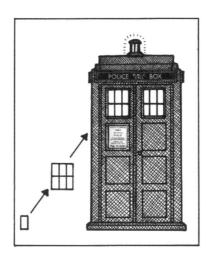

아인슈타인은 이런 말을 했다.

"논리는 당신을 A에서 B까지 데려다 준다.
하지만 상상력은 당신을 어디든지 데려다 줄 수 있다."

추가 정보

필자는 원래 이 책에 쓰인 참고 문헌을 여기에 모두 나열할 계획이었다. 하지만 알다시피 필자가 방대한 양의 자료를 참고했기 때문에 참고 문헌 목록이 책의 본문보다 더 길어질 상황이었다. 따라서 이 책에 관해 더 궁금한 점이 있다면 필자가 본문에서 언급한 여러 저자의 저서를 읽어보길 권한다.